环境规制、产业转移
与区域协调发展

ENVIRONMENTAL REGULATION,

INDUSTRIAL TRANSFER,

AND REGIONAL COORDINATED DEVELOPMENT

王振东　著

社会科学文献出版社

SOCIAL SCIENCES ACADEMIC PRESS (CHINA)

序

党的十九大报告指出，中国特色社会主义进入新时代，我国社会主要矛盾已经转化为人民日益增长的美好生活需要和不平衡不充分的发展之间的矛盾。时间层面的区域发展不持续问题以及空间层面的区域发展不协调问题，已成为现阶段我国全面深化改革过程中亟待解决的问题。党的十八届五中全会提出了"坚持协调发展，着力形成平衡发展结构"的发展思想。近年来，围绕党的二十大精神和习近平总书记重要讲话精神，党中央对"发挥区域协调发展战略、区域重大战略、主体功能区战略的叠加作用"作出部署，为推动区域协调高质量发展发挥了重要支撑作用，加快实施区域协调发展战略是我国全面深化改革过程中的重中之重。基于地区之间迥异的资源禀赋和发展条件，产业转移能够对优化区域资源配置效率、加快区域经济结构转型产生积极影响，而经济发展与环境保护的协调也是习近平生态文明思想和我国区域协调发展战略的重要组成部分，所以需要考虑环境规制政策的影响。

基于上述背景，本书结合区域经济学、政治经济学、环境经济学、发展经济学、产业经济学等学科理论，运用规范研究与实证研究、定性研究与定量研究、比较分析与归纳分析等相关研究方法，以环境规制推动产业转移作为研究切入点，将产业转移的效用机制与区域协调发展目标相结合，构建了以环境规制为动力、以产业转移为路径、以推动区域协调发展为目标的理论逻辑和传导机制，对区域协调发展问题进行了深入研究。在具体研究中，首先，本书对环境规制、产业转移与区域协调发展的相关理论与研究文献进行了梳理和述评，从中归纳出现阶段理论研究中的三个主要问题，即本书在理论层面解释和讨论的三个问题：基于环境规制推动产业转移的有效性、利用产业转移推动区域协调发展的可行性，以及通过环境规制推动产业转移进而促进区域协调发展能否生效。其次，在对环境规制、产业转移及区域协调发展的内涵进行界定的基础上，分析了环境规制影响产业转移、产业转移影响区域协调发展、环境规制约束下产业转移影响区域协调发展的机制，在理论层面提出了三个命题。再次，基于环境规制、产业转移和区域协调发展的演进历程，结合各省份的年度数据，在对环境规制、产业转移和区域协调发展指标进行测度的基础上，对三者进行了现状分析。从次，将理论层面的分析结论运用于现实研究，依次对环境规制与产业转移、产业转移与区域协调发展、环境规制约束下产业转移与区域协调发展的关系进行了理论模型检验和实证模型分析，验证了环境规制对产业转移有明显的促进作用、产业转移对推动区域协调发展具有短期效应和长期效应以及环境规制约束下产业转移能够推动区域协调发展。最后，分别从环境规制这一研究起始视角和区域协调发展这一最终目的出发，提出了加强环境规制与推动区域协调发展的政策建议。

本书的主要研究内容和创新之处如下。

第一，拓展了环境规制、产业转移与区域协调发展的内涵，分析了其演进历程和发展现状。一是从定义、主体、对象和目标等方面对环境规制做出了内涵界定，建立了基于复合型指标法的环境规制测度指标，发现2003~2017年我国环境规制水平空间差异性特征明显并呈现显著的收敛趋势。二是从驱动要素、研究范畴、时间和空间两个维度的综合效应等方面对产业转移做出了内涵界定，构筑了基于区位熵原理的产业转移动态指标，发现2003~2017年我国省际产业转移合作不断推进，中西部地区承接产业转移水平显著提高。三是从区域间空间层面的横向协调发展和区域内时间层面的纵向协调发展两个方面对区域协调发展做出了内涵界定，构建了基于β收敛模型的指标评价体系，发现2003~2017年我国省域经济发展呈现发散状态，但2010年后发散的速度明显减缓。

第二，丰富了环境规制影响产业转移的理论分析框架，对提出的命题进行了理论模型和实证模型的双重检验。一是环境规制通过"成本增加效应"和"创新补偿效应"，可以有效推进产业的区域间转移。环境规制会通过准入门槛、要素调整成本、投资方向和结构等因素，增加企业生产成本或提高企业技术能力，影响企业的区位选择和产业转移。二是构建了环境规制与产业转移的理论模型。发现在环境规制约束下，出于效益最大化的原则，企业会在对比投入要素价格的情况下，选择最有利的生产决策，进而导致产业的转入或转出。三是实证检验了环境规制影响产业转移的理论机制。结果显示在全国范围以及东部、中部和西部地区，环境规制对产业转移都有明显的促进作用。

第三，明确了产业转移影响区域协调发展的理论传导机制，对提出的命题进行了理论模型和实证模型的双重检验。一是产业转移通过对产业转出地区和转入地区的短期效应和长期效应来实现区域协调发展。产业转移对转入地区在短期具有经济总量的提升、技术外溢、产业集聚等效应，在长期具有竞争引致、制度优化、低端价值锁定、资源阻碍等效应；产业转移对转出地区在短期具有经济发展速度下降、产业空心化、失业等效应，在长期具有提升资源使用效率、技术创新、产业结构的优化、竞争力的提高等效应。二是构建了基于自由竞争状态的基准博弈模型和基于协调发展约束的博弈扩展模型。发现地方政府部门能够利用调节性扶持政策，改变产业转移生产布局、降低竞争损耗、增强欠发达地区内生增长动力、实现区域协调发展。三是实证检验了产业转移影响区域协调发展的理论机制。结果显示，在全国范围以及东部、中部和西部地区，产业转移与区域协调发展之间呈正相关关系，但产业转移对不同地区经济增长速度的影响是不同的，这种差异性效应也为产业转移推动区域协调发展提供了依据。

第四，构建了以环境规制为动力、以产业转移为路径、以推动区域协调发展为目标的理论逻辑和传导机制，对提出的命题进行了理论和实证检验。研究发现，适度的环境规制能够强化产业转移对区域协调发展的调节作用。不同的环境规制水平会导致产业转移影响区域协调发展的机制产生差异化的调节作用，适度的环境规制可以有效提升产业转移对产业转出地区及转入地区的正面效应，降低负面效应，进而推动区域协调发展。另外，本书进一步构建了基于环境规制约束的博弈扩展模型。研究发现，在忽视资源环境规制的地方，加大环境规制强度既可以减少损失，提高区域整体博弈效率和收益，也会对促进产业转移、实现区域协调发展发挥极其关键的作用。建立了环境规制约束下产业转移影响区域协调发展的实证模型。结果显示在全国范围以及东部、中部和西部地区，在环境规制约束下，产业转移可以缩小地区发展差距、推动区域经济收敛，进而促进区域协调发展。

目 录

导　论

本章首先阐述了本书的研究背景与研究意义，指出了本书的主要价值；其次，详细介绍了本书的研究对象与研究内容；再次，阐述了本书的研究思路与研究方法，并呈现了本书的技术路线；最后，介绍了本书的创新之处。

一　研究背景与研究意义

（一）研究背景

党的十九大报告指出，我国社会主要矛盾已经转化为人民日益增长的美好生活需要和不平衡不充分的发展之间的矛盾。从经济基础来看，"不平衡不充分"主要体现在产业结构、需求结构、增长动力以及经济的区域和城乡发展差异等方面（杨继瑞、康文峰，2018）。从区域发展差异来看，我国各地区在自然、经济、社会等方面有着一定差异，区域发展不平衡现象在世界范围内也广泛存在。2025年国务院政府工作报告提出"推进区域协调发展，完善实施区域协调发展战略机制"，推进区域协调发展是实现均衡发展的重要手段。

近年来，围绕党的二十大精神和习近平总书记重要讲话精神，党中央深入实施了区域协调发展战略、区域重大战略、主体功能区战略等，在今后一个相当长的时期内，我国都将加快实施区域协调发展战略、落实新发展理念、建设现代化经济体系。如何进一步促进区域协调发展，是我国全面深化改革进程中的重点问题，也是国内外学术界的研究热点。

产业的支撑与发展是我国经济增长的中观基础，产业结构的高级化和合理化是地区经济发展的关键所在。同时，区域协调发展依赖于特定的区域空间结构基础，各种经济活动的生产需要在一定时间内将分散在地理空间中的相关因素组织起来，从而克服时间和空间因素对要素活动集约化的制约。所以，产业转移不仅意味着区域生产要素的流动和集聚，还对区域产业结构升级具有显著的正向作用（冷景菲，2011；李斌等，2011；郝洁，2013；王欣亮，2015；朱少康，2018；陈银，2021）。区域间产业转移已成为我国区域经济发展中的突出现象，对提升产业国际竞争力、促进东部地区产业结构升级、加快中西部地区经济发展，以及推动区域协调发展具有显著的积极作用。因此，从产业转移的角度出发，对影响区域协调发展的机制进行研究，是一个很好的研究方向。

产业转移作为经济全球化背景下独特的资源配置方式，在一定程度上能够促进地方经济发展。但是，在促进地方经济发展的同时应该注意经济与环境的协调，而不是"以牺牲生态环境为代价换取经济增长"。

在产业转移视角下研究区域协调发展，需要考虑环境规制的影响。环境规制对微观企业决策、中观产业发展、经济绩效提升、环境质量改善等都有着深刻的影响，也影响着企业的区位选择和区域间的产业转移（胡德宝、贺学强，2015；张超等，2015；周浩、郑越，2015；张平等，2016；宋爽、樊秀峰，2017；李取壮，2021）。同时，影响企业区位选择的要素也会影响区域协调发展（聂华林、潘琪，2006；郑长德、刘帅，2010；李传松，2018）。

因此，本书需要着力解答三个主要研究问题。第一，利用环境规制促进产业转移是否有效。探究环境规制与产业转移之间的具体理论传导机制，将是本书的第一个切入点，也是本书理论体系架构的主要落脚点。第二，利用产业转移推动区域协调发展是否可行。产业转移如何促进区域协调发展，二者之间的理论传导机制是什么，将是本书的第二个切入点，也是本书理论体系架构的中间点和关键点。第三，通过环境规制促进产业转移进而推动区域协调发展能否生效。如何构建以环境规制为动力、以产业转移为路径、以区域协调发展为目标的理论逻辑和传导机制，这是本书的第三个切入点，也是本书的最终目的。

综上，本书通过对相关研究进行梳理，从产业转移的角度出发，沿着环境规制下的企业决策、绩效提升，到区域产业转移行为，再到产业转移对区域协调发展的影响机制这一主线展开分析，并尝试从区域间空间层面的横向协调发展和区域内时间层面的纵向协调发展两个方面来诠释区域协调发展，构建以环境规制为动力、以产业转移为路径、以区域协调发展为目标的理论逻辑和传导机制，基于理论模型和实证模型双重检验的结果提出科学合理的政策建议，进一步推动区域协调发展。

（二）研究意义

1. 理论意义

第一，本研究结合环境规制、产业转移、区域协调发展等相关理论与研究文献，基于我国发展现状，对环境规制、产业转移、区域协调发展等概念做出内涵界定，构建以环境规制为动力、以产业转移为路径、以区域协调发展为目标的理论逻辑和传导机制，弥补了以往研究的不足。

第二，本研究试图探索环境规制下的产业转移机理，在省际层面考察我国地区间是否存在"污染避难所假说"，即环境规制是否会引起产业转移对转出地区和转入地区的选择差异，环境规制影响产业转移的机制是什么样的，这是区域产业转移领域的重要研究问题。目前，相关研究较少涉及环境规制对产业转移的影响机制，没有形成统一的研究体系，本书对现有研究进行了丰富。

第三，本研究在考察产业转移对区域协调发展的影响时，结合产业转移在时间和空间两个维度产生的综合效应，以及区域协调发展在空间层面的横向协调发展和时间层面的纵向协调发展，考察了产业转移的时间和空间综合效应在不同地区或省份之间是否存在显著差异，尤其是产业转移对转出地区和转入地区的具体影响，并进一步加入环境规制，讨论环境规制约束下产业转移对区域协调发展的作用机制，得出一个可靠的结论。

2. 现实意义

第一，本研究结合当下"区域发展不协调"问题，从环境规制约束下的产业转移出发，研究其对区域协调发展的影响机制，构建科学的理论逻辑和传导机制，为我国区域协调发展做出一定贡献，以进一步落实我国"坚持协调发展，着力形成平衡发展结构"的发展思想。

第二，本研究从环境规制、产业转移、区域协调发展问题出发，认为环境污染严重的企业在环境规制影响下会进行产业转移，从而研究环境规制对产业转移的影响以及产业转移对区域协调发展的影响，对于政府部门完善环境规制和区域协调发展理论体系具有一定的参考价值。

第三，本研究尝试从环境规制这一研究起始视角和区域协调发展这一研究最终目的出发，提出加强环境规制与推动区域协调发展的政策建议，探寻可行的政策优化方式，对于促进我国区域经济增长和环境质量改善、实现区域协调发展，具有一定的实践价值。

二　研究对象与研究内容

（一）研究对象

第一，对环境规制、产业转移与区域协调发展做出内涵界定，并构建相应的指标评价体系进行现状分析。结合现阶段的发展情况，对本书所涉及的三个主要概念，即环境规制、产业转移以及区域协调发展的理论内涵进行界定，为全书夯实理论基础，从而更好地回答本书的三个主要研究问题，即利用环境规制促进产业转移是否有效，利用产业转移推动区域协调发展是否可行，以及通过环境规制推动产业转移进而促进区域协调发展能否生效。此外，对环境规制、产业转移与区域协调发展的演进历程分别进行归纳梳理，并构建相应的指标评价体系。

第二，研究环境规制影响产业转移的内在机制，并对理论模型和实证模型进行检验。环境规制影响产业转移的内在机制是本书的基础，也是本书的第一个重要研究问题，主要分析是否可以利用环境规制促进产业转移。根据学术界现有的观点，本书从影响企业区位选择和产业转移的要素出发，包括准入门槛、要素调整成本以及投资方向及结构等，分析企业的"成本增加效应"和"创新补偿效应"，对环境规制影响产业转移的内在机制进行详细分析。这些问题是本研究理论体系架构的中间点和关键点。

第三，研究产业转移影响区域协调发展的内在机制，并进行理论模型和实证模型检验。就产业转移产生的效用而言，有空间和时间两个层面，其中空间层面是指产业转移对转出地区和转入地区的不同影响；时间层面是指产业转移对不同地区的效应，可分为短期效应和长期效应，且两者之间存在明显差异。区域协调发展不仅包含区域横向层面经济发展差距的逐步缩小，还包含区域纵向层面自身发展质量的逐步提高。在上述界定的基础上，本书将采用包含空间效应和时间效应在内的双维分析框架，对产业转移的效应进行分析，以考察产业转移影响区域协调发展的内在机制。这是本研究的核心内容，也是本研究的主要落脚点之一。

第四，研究环境规制约束下产业转移影响区域协调发展的内在机制，进行理论模型和实证模型检验，并构建环境规制影响区域协调发展的政策优化机制。在前置研究的基础上，进一步探讨和检验环境规制约束下产业转移对区域协调发展的影响机制，得出可靠的结论。并根据研究结果，从环境规制这一研究起始视角和区域协调发展这一研究最终目的出发，提出加强环境规制与推动区域协调发展的政策建议，形成科学有效的政策优化框架，为我国区域协调发展注入新的动力。这是本研究的最终目的，具有一定的现实价值。

（二）研究内容

本书的研究内容如下。

导论。导论部分是对本书的简要介绍。首先，阐述了本书的研究背景和意义，分析了研究的必要性，确定了主要研究方向；其次，明确了本书的研究对象与内容，介绍了各章的主要研究内容；第三，阐述了本书的研究思路与方法，呈现了技术路线；最后，介绍了本书的创新之处。

第一章，相关理论与研究文献综述。本章主要对环境规制、产业转移和区域协调发展的相关研究进行了回顾和梳理。第一，对与本书高度相关的环境规制、产业转移以及区域协调发展的重要理论进行了总结。第二，从环境规制与产业转移的相关研究出发，对环境规制的产业转移效应以及产业转移的环境影响效应的相关研究进行了归纳。第三，从产业转移与区域协调发展的相关研究出发，梳理了区域协调发展的演变及衡量以及产业转移推进区域协调发展的相关研究。第四，对环境规制约束下产业转移与区域协调发展的相关研究进行综述，深入剖析现有研究进展，厘清探索空间。第五，对现阶段的相关理论与研究文献进行述评，总结并梳理其不足之处，为本书的理论研究奠定分析基础，并提出本书理论研究部分需要解决的关键问题。第六，对本章内容进行了小结，引出了三个需要重点分析的问题，即是否可以利用环境规制推动产业转移，是否可以利用产业转移促进区域协调发展，以及是否可以利用环境规制推动产业转移进而促进区域协调发展。本章内容既能够为后续的理论研究厘清重点、指明方向，也可以为全书的整体研究奠定扎实的理论基础。

第二章，环境规制、产业转移与区域协调发展的内涵界定及机制分析。本章主要构建本书的研究框架，以理论分析框架的建立和完善为主要目的，从作用机制及实现机理等层面，对第一章提出的三个主要研究问题进行理论层面的研究和探讨，为后续的实证研究打好理论基础。第一，结合现阶段发展演进，对本书的三个研究对象——环境规制、产业转移以及区域协调发展的理论内涵进行界定。第二，从作用机制及实现机理等层面，对是否可以利用环境规制推动产业转移进行分析和讨论，并以环境规制影响建筑业的机制为案例，详细剖析其影响。第三，对利用产业转移推动区域协调发展的可行性，进一步进行理论层面的研究和探讨。第四，构建以环境规制为动力、以产业转移为路径、以区域协调发展为目标的理论逻辑和传导机制，分析环境规制约束下产业转移影响区域协调发展的机制。第五，对本章内容进行小结，对理论框架进行总结，结合本书的三个主要研究问题，对实证目标做出预期。

第三章，环境规制、产业转移与区域协调发展的演进历程及现状分析。本章为本书的现实分析部分，以主要研究对象的演进历程、现状分析为重点，主要内容可分为四个部分。第一，环境规制的演进历程及现状分析。首先，对环境规制的大致演进历程和政策文件发布进行梳理，并对环境规制的整体现状进行数据归纳；其次，回顾我国已有的各类环境规制和产业转移指标体系、测算方法，结合过往的研究文献对指标、方法的效果、实用性进行比较分析；最后，构建相应的环境规制强度指标体系，对环境规制指标进行测度及分析。第二，产业转移的演进历程及现状分析。先对我国产业转移的大致演进历程进行梳理，再对产业转移的整体现状进行数据归纳，并建立适合本研究的产业转移指标体系，从而对产业转移指标进行测度及分析。第三，区域协调发展的演进历程及现状分析。对我国区域协调发展的大致演进历程进行梳理，并构建相应的指标体系，从而对我国区域协调发展现状进行测度及分析。第四，小结。对本章的主要研究内容及结论进行总结和梳理。

第四章，环境规制影响产业转移的实证研究。第三章从理论层面分析了环境规制与产业转移之间的相关关系，论证了依照环境规制进行产业转移发展的有效性，本章主要根据前文理论框架，从实证分析的角度，对此命题进行基于计量模型的分析和检验。第一，环境规制影响产业转移的理论模型。建立环境规制影响产业转移的理论模型，并进行推导，剖析环境规制如何影响产业转移，为后文的实证模型构建奠定基础。第二，实证模型设定与变量说明。构建环境规制影响产业转移的实证模型，对计量模型、变量选择以及数据来源进行解释和说明，并明确模型的控制变量。第三，实证结果与分析。对计量经济模型进行实证检验，并对实证结果进行分析。第四，稳健性检验。采用变量替换法，对计量模型进行稳健性检验。第五，小结。总结本章实证结果与本书理论框架的异同，指出本章的价值贡献。

第五章，产业转移影响区域协调发展的实证研究。本章将继续在前文的基础上为政策建议和研究结论提供现实依据。第一，产业转移影响区域协调发展的理论模型。从博弈论的角度分析地方政府在产业转移中的博弈行为，并构建基于区域协调发展的博弈扩展模型，深入剖析产业转移对转入地区和转出地区的短期和长期效应，以得出与理论机制结论一致的理论模型结果。第二,实证模型设定与变量说明。构建产业转移影响区域协调发展的实证模型,对计量模型、变量选择以及数据来源做出解释和说明,并明确模型的控制变量。第三,实证结果与分析。对计量经济模型进行实证检验,并对实证结果进行分析。第四,稳健性检验。通过变量替换法,对计量模型进行稳健性检验。第五,小结。总结本章实证结果与本书理论框架的异同,指出本章的价值贡献。

第六章,环境规制约束下产业转移影响区域协调发展的实证研究。第一,环境规制约束下产业转移影响区域协调发展的理论模型。本章基于博弈论的视角,进一步构建加入环境规制的博弈扩展模型,为后文的实证模型构建提供理论基础。第二,实证模型设定与变量说明。构建产业转移影响区域协调发展的实证模型,对计量模型、变量选择以及数据来源做出解释和说明,并明确模型的控制变量。第三,实证结果与分析。对计量模型进行实证检验,并对实证结果进行分析。第四,稳健性检验。采用变量替换法,对计量模型进行稳健性检验。第五,小结。总结本章实证结果与本书理论框架的异同,指出本章的价值贡献。

第七章,加强环境规制与推动区域协调发展的政策建议。本章结合上述研究结果,针对我国国情和相关政策现状,从环境规制这一研究起始视角和区域协调发展这一研究最终目的出发,提出加强环境规制与推动区域协调发展的政策建议,并以陕西省为例,提出西部地区加强环境规制与推动区域协调发展的政策建议。

第八章,结论及进一步研究的问题。对全书的主要结论进行总结,并指出未来研究方向。

三　研究思路与研究方法

（一）研究思路

本书通过对相关理论与研究文献进行梳理，以"提出问题—分析问题—解决问题"为研究思路，以微观层面的企业决策、中观层面的产业转移、宏观层面的区域协调发展为研究路线，以推动区域经济协调发展为目标，以环境规制推动产业转移作为研究切入点，构建了以环境规制为动力、以产业转移为路径、以区域协调发展为目标的理论逻辑和传导机制。首先，本书回顾和总结了环境规制、产业转移和区域协调发展的相关理论与研究文献，归纳出本书研究的三个主要问题；其次，在对环境规制、产业转移及区域协调发展的内涵进行界定的基础上，从作用机制和实现机理等层面，分析了环境规制与产业转移、产业转移与区域协调发展、环境规制约束下产业转移与区域协调发展之间影响的内在机制；再次，在对环境规制、产业转移和区域协调发展指标进行综合测度的基础上，对三者的演进历程和发展现状进行了归纳和梳理；从次，依次对环境规制与产业转移、产业转移与区域协调发展、环境规制约束下的产业转移与区域协调发展之间的影响关系进行理论模型和实证模型层面的检验和分析；最后，从加强环境规制与推动区域协调发展的角度提出了政策建议。本书的技术路线如图 0-1 所示。

（二）研究方法

第一，规范研究与实证研究。规范研究是一种演绎和归纳的方法，侧重于对"应该怎样、应当怎样"的逻辑概括，包含了伦

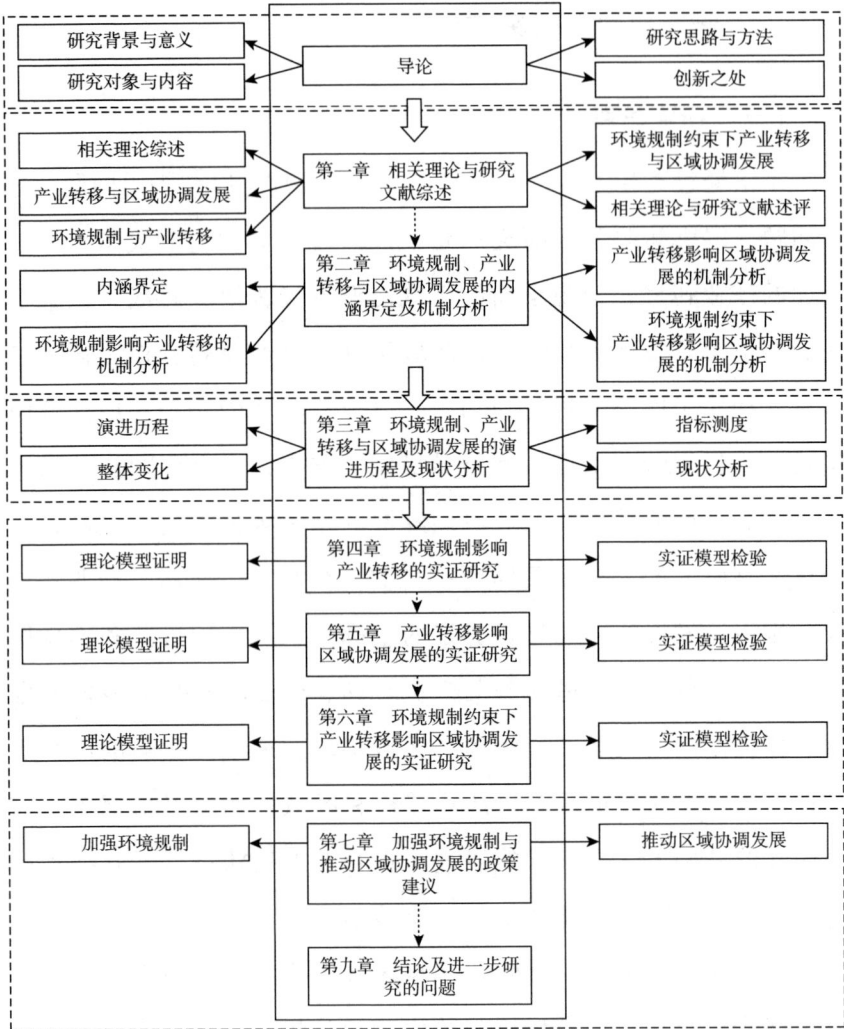

图 0-1　本书的技术路线

理标准和价值判断。本书的第一章将使用规范研究方法，对前人的相关理论与研究文献进行总结，通过逻辑推理建立本书的理论研究框架。实证研究方法要求事先提出一些假设或前提，然后用经验和实证数据加以证明，并利用数据修订相关的具体原则、标准和程序。在本书的第四章、第五章、第六章，我们将根据所建立的理论框架设计指标体系或实证模型，分别进行实证检验。

第二，定性研究与定量研究。定性研究是对研究对象的"质"进行分析。在本书的第二章和第三章，我们将采用定性分析的方法对环境规制与产业转移、产业转移与区域协调发展之间的关系进行分析，并分别探讨环境规制、产业转移、区域协调发展、环境规制的演进历程及现状分状。定量研究是本书采用的关键方法之一。为了验证理论分析框架和相关推论，提高分析论证的科学性和客观性，本书采用了多种定量研究方法。本书通过定性研究与定量研究，构建了理论分析框架，分别证明了基本结论和相关理论推论。

第三，比较分析与归纳分析。本书多次采用了比较分析方法。首先，在理论与研究综述部分，采用比较分析的方法，比较现有研究中的观点差异。其次，在理论框架部分，通过比较分析环境规制对产业转移、产业转移对区域协调发展的影响机制差异，构建相应的理论分析框架；再次，在演进历程及现状分析部分，以时间序列为发展主线，系统地比较分析了相关概念在我国的发展变化。最后，在政策建议部分，结合理论基础分析、理论框架构建和实证定量检验，比较实证分析模型得出的结论与现实发展的差异，提出相应的政策建议。本书还综合运用了归纳分析的方法。首先，在理论研究部分，运用归纳分析的方法，归纳总结了相关的观点理论以及差异。其次，对环境规制、产业转移和区域协调发展的内涵界定进行了归纳总结。最后，在各章的小结、最终的政策建议和结论部分，也采用了归纳分析法。本书各章的研究方法如图 0-2 所示。

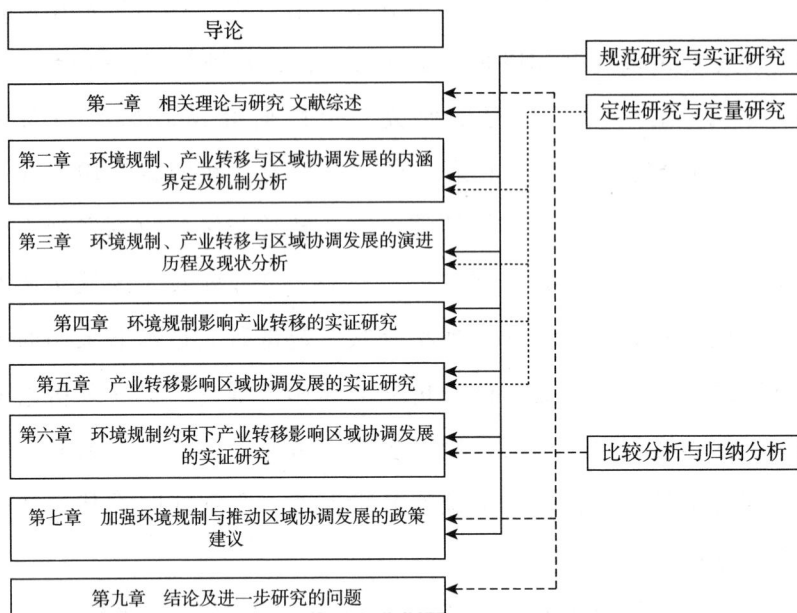

图 0-2　本书各章的研究方法

四　创新之处

（一）拓展了环境规制、产业转移与区域协调发展的内涵，详细分析了三者的演进历程和发展现状

一是从定义、主题、对象和目标等方面对环境规制做出了内涵界定，建立了基于复合型指标法的环境规制强度指数，发现2003～2017年我国环境规制水平空间差异性特征明显并表现出显著的收敛趋势。二是从定义、动因、研究范围和效应等方面对产业转移做出了内涵界定，构筑了基于区位熵方法的产业转移动态指标体系，发现2003～2017年我国省际产业转移合作不断推进，中西部地区承接产业转移水平显著提高。三是从区域间空间层面的横向协调发展和区域内时间层面的纵向协调发展两个方面对其

做出了内涵界定，构建了基于 β 收敛模型的指标评价体系，发现在 2003~2017 年我国省域经济发展呈现发散状态，但 2010 年后发散的速度明显缩小。

（二）丰富了环境规制影响产业转移的理论分析框架，发现环境规制可以有效推进产业的区域间转移

一是环境规制通过"成本增加效应"和"创新补偿效应"，可以有效推进产业的区域间转移。环境规制的实施会通过准入门槛、要素调整成本、投资方向和结构等方面，增加企业生产成本或提高企业技术能力，从而影响企业的区位选择和产业转移。二是构建了环境规制与企业决策的理论模型。发现在环境规制下，出于效益最大化的原则，企业会对比投入要素价格，选择对其最有利的生产决策，进而导致产业的转入或转出。三是实证检验了环境规制影响产业转移的机制。结果显示，在全国范围以及东部、中部和西部地区，环境规制对产业转移均有明显的促进作用。

（三）健全了产业转移影响区域协调发展的理论传导机制，发现产业转移对于缩小地区发展差距、推动区域经济收敛具有推动作用

一是验证了产业转移通过对产业转出地区和转入地区产生短期效应和长期效应来实现区域协调发展。产业转移对转入地区在短期会产生经济总量的提升、技术外溢、产业集聚等效应，在长期会产生竞争引致、制度优化、低端价值锁定、资源阻碍等效应；产业转移对转出地区在短期会产生经济发展速度下降、产业空心化、失业等效应，在长期会产生资源使用效率的提高、技术创新、产业结构的优化、竞争力的提高等效应。二是构建了基于自由竞争状态的基准博弈模型和区域协调发展约束下的博弈扩展模型。研究发现地方政府部门能够利用调节性扶持政策，改变产业转移生产布局、降低竞争损耗、增强欠发达地区内生增长动力，从而实现区域协调发展。三是实证检验了产业转移影响区域协调发展的机制。结果显示，在全国范围以及东部、中部和西部地区，产业转移与区域协调发展之间呈正相关关系，但产业转移对不同地区经济增长速度的影响是不同的，这种差异效应为通过产业转移推动区域协调发展提供了依据。

（四）建立了以环境规制为动力、以产业转移为路径、以推动区域协调发展为目标的理论逻辑和传导机制，发现环境规制可以通过产业转移促进区域协调发展

一是适度的环境规制能够强化产业转移对推动区域协调发展的功能。不同的环境规制水平会导致产业转移影响区域协调发展的机制产生不同的调节作用，适度的环境规制，可以有效提升产业转移对产业转出地区及转入地区的正面效应，降低负面效应，推动区域协调发展。二是进一步构建了基于环境规制约束的博弈扩展模型。研究发现，在忽视环境规制的地方，加大环境规制力度可以减少损失，提高区域整体博弈效率和收益，对促进产业转移、实现区域协调发展发挥了关键的作用。三是建立了环境规制约束下产业转移影响区域协调发展的实证模型。结果显示，在全国范围以及东部、中部和西部地区，通过产业转移，可以缩小地区发展差距、推动区域经济收敛，进而推动区域协调发展。

第一章

相关理论与研究文献综述

本章主要对环境规制、产业转移和区域协调发展的相关理论与研究文献进行回顾和梳理。首先，对与环境规制、产业转移以及区域协调发展相关的理论进行梳理和总结；其次，对环境规制与产业转移相关研究、产业转移与区域协调发展相关研究、环境规制背景下产业转移与区域协调发展相关研究进行梳理，为本书的框架构建提供参考；最后，对现阶段相关理论与研究文献进行整体述评，提出其不足之处。本章作为全书的研究综述部分，既可以为后续的理论研究厘清重点、指明方向，也可以为全书的整体研究奠定扎实的理论基础。

第一节　相关理论综述

一　环境规制相关理论

（一）"污染避难所假说"

"污染避难所假说"也称"污染天堂假说"，指的是经济全球化给发达国家带来了环境治理方面的优势，发达国家会通过各国之间的贸易往来，将本国的高污染产业直接迁往发展中国家，这样不仅能够减轻环境污染，还能集中发展高新技术产业。Walter和 Ugelow（1979）发现，环境法规越完善、管理手段越严格，国家的高污染产业越会受到法律的限制，相关企业的经营活动成本会增加。对于发达国家的污染密集型企业来说，严格的环境规制大幅增加了企业的生产成本，主要包括两个方面。一方面，企业为了减轻污染，必须购置环保设备，这为企业带来了高额成本。另一方面，企业的一些工作人员并没有接触过环保设备，所以还需要给他们提供培训，讲解相关操作知识和注意事项，从而增加了企业的培训成本。此时，企业的经济总量并没有增加，而生产成本却大幅增加，不利于企业发展。而在发展中国家发展污染密集型企业拥有成本优势，因此发达国家会将污染产业迁出，在发展中国家寻求更广阔的发展，导致发展中国家成为新的污染地。

"污染避难所假说"产生的原因是多方面的，其逻辑关系十分复杂：一是国家特征直接影响环境规制的力度；二是不同的环境规制力度会影响企业的生产成本；三是企业的生产成本会影响国际贸易和外国直接投资；四是这些贸易和投资会影响污染、价格和收入；五是污染、价格和收入将影响环境规制的力度。下面将对环境规制如何通过增加企业的生产成本进而实现产业转移进行理论分析。

假设只有两个地区 X 和 Y，资本在这两个地区之间自由流动，总金额不变，记为 $K=K_X+K_Y$。根据微观经济学原理，当边际收入等于边际成本时，企业实现利润最大化，相应的资本投入是两个区域的最优选择，即 $MPK=MCK$。在资本自由流动的环境中，资本的边际成本等于利率，即 $MCK = R$。因此，当地区 X 和地区 Y 的边际收益相等时，即 $MPK_X = MPK_Y$ 时，资本达到最优配置。由于资本边际收益递减，资本边际收益曲线向下倾斜（见图 1-1）。资本在地区 X 和地区 Y 间自由流动，总金额为 XY。当两个地区的边际收入相等时，会达到资本的最优配置 O 处。此时，地区 X 和地区 Y 的资本量分别为 XZ 和 YZ。

在其他条件不变的情况下，如果地区 X 加大环境规制力度，企业的生产成本会增加，资本的边际收益会降低，以符合相应的环境标准。边际收益曲线 MPK_X 向左下方移动至 MPK_X'，和 MPK_Y' 相交于点 O'。此时，地区 X 的资本量为 XZ'，地区 Y 的资本量为 XY'。与环境规制力度加大前相比，地区 X 的资本量下降，减少了 ZZ'，地区 Y 的资本量上升，增加了 ZZ'。因此，环境规制力度加大后发生了资本的流动，若地区 X 的环境规制力度加大，那么地区 X 的资本会逐渐流向地区 Y（见图 1-1）。

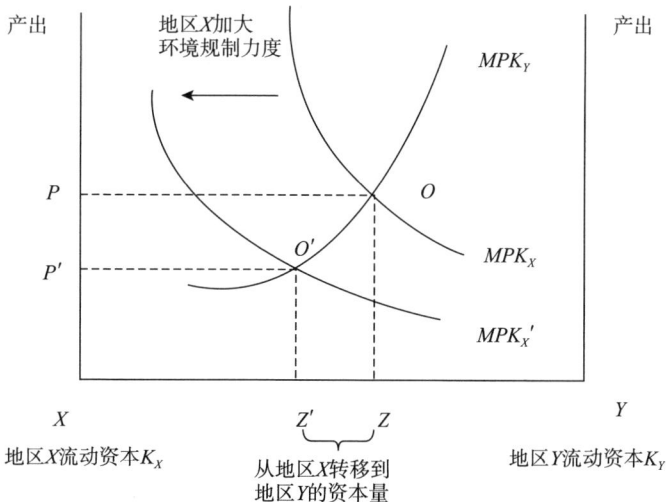

图 1-1　"污染避难所假说"的理论分析

（二）"波特假说"

传统新古典经济学认为，环境规制增加了设备的生产成本和管理成本，环境成本内部化增加了企业的生产成本，从而降低了企业的利润和市场竞争力。具体来说，企业为了遵循环境规制，会投入大量的资金购买环保设备，还要对设备进行维护，因此企业的生产成本增加，利润就会降低。企业的市场竞争力降低主要是因为环境制度的挤出效应和约束效应。挤出效应指的是企业的环保投资增加，缺乏足够的资金投资其他项目，企业的市场竞争力就会降低；约束效应指的是环境规制约束了企业的生产行为，企业制定决策时会更加困难。所以，环境保护更加严格后，企业的生产成本就会大幅增加。

"波特假说"是由波特于1995年提出的，与传统新古典经济学产生了巨大的理论冲突。"波特假说"提出，环境规制能够促进企业提升竞争力，从而实现长久健康发展。具体逻辑如下：由于必须遵循环境规制，企业此时会为了提高自己的经济效益而加大对产品技术的创新力度，从而有效地弥补成本增加导致的利润缺口，企业的核心竞争力便得到了提升。波特深入研究了环境规制和企业竞争力之间的关系，他认为环境规制并不会限制企业的发展，原因包括以下几点：第一，环境规制有助于企业发现资源利用不足的问题，进一步明确自己的发展方向；第二，环境规制有助于增强企业的环保意识；第三，环境规制有助于降低企业投资的不确定性；第四，在环境规制的约束下，企业对技术研发的需求会不断提升；第五，市场的竞争环境能够让企业在环境规制的约束下不断调整发展策略。因此可以发现，"波特假说"着重强调了企业发展和环境规制是相互促进的关系。因此，虽然环境规制会在一定程度上增加企业的生产成本，影响其竞争力，但能够促使企业加大创新力度，技术创新带来的收益可以抵消增加的生产成本，从而使企业更有竞争力。

如图 1-2 所示，环境规制将加强企业的环境保护意识，促使企业在投资时进行环保技术创新和降低污染物的排放，形成反向传导机制，提高技术创新水平，从而提升区域产业的比较优势。

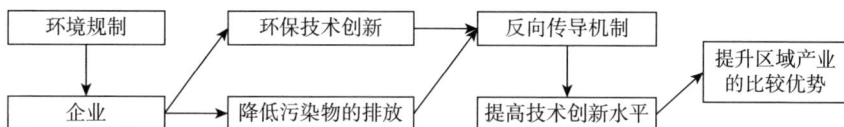

图 1-2　提升区域产业比较优势的实现路径

自"波特假说"提出以来，许多学者在推进这一理论的发展。总的来说，主要包括以下四个方面。

第一，环境规制与企业竞争力可以实现双赢。传统经济学从静态的角度出发，假设企业的技术、产品、生产过程和市场需求等因素保持不变。在这种情况下，如果生产成本最小化，额外的环境保护投资将不可避免地增加总生产成本，进而影响企业的竞争力。然而，从当前的国际发展趋势来看，企业竞争力的变化已逐渐演变为以创新能力为基础的动态模式，企业技术的创新和生产效率的提高更有利于企业竞争优势的形成，环境规制可以为企业的长期发展提供方向。

第二，从动态的角度进行技术创新和效率提升。波特认为，传统新古典经济学对静态竞争模式的假设与现实不符。企业处于一个不断变化的环境中，其技术水平和生产投入组合也在不断变化，因此企业的竞争力也在不断变化，而企业的创新能力在这个过程中起到重要的作用。从短期来看，环境规制增加了企业控制污染的成本，导致企业竞争力下降。但从长远来看，环境规制能够通过促进企业形成绿色消费观念，加强技术创新，抵消企业增加的环境保护成本，产生新的竞争优势。

第三，政府在企业技术创新中发挥了重要作用。传统的观点认为，处于利润最大化状态的企业可以在没有任何监管政策的情况下，主动寻找潜在的机会。在波特的假设中，企业面临较高的生产成本时，会忽视短期内的潜在收益；同时，技术创新的滞后性和信息的不完全性会阻碍企业做出最优决策。此时，政府应制定刺激企业进行技术创新的环境政策，通过严格的环境标准、灵活的信息手段和市场手段，帮助企业识别潜在的发展机会和加强技术创新能力，从而做出最优决策。

第四，适当的环境规制力度可以促进绿色创新。"波特假说"认为，环境规制过于严格或过于宽松，不仅难以刺激企业进行技术创新，还会增加企业的生产成本。因此，适当的环境规制力度能够通过创新补偿效应刺激企业进行技术创新，降低企业的生产成本，使企业形成竞争优势。

二 产业转移相关理论

(一) 雁阵理论、产品生命周期理论和产业周期理论

现代产业转移理论起源于日本赤松要（Akamatsu）于20世纪30年代提出的雁阵理论，他通过对20世纪日本棉纺业的发展进行分析，认为该产业的发展过程可分为"市场增长、进口、进口替代和出口替代"等阶段，且每个阶段都呈现类似于大雁飞行的"V"形队列特征。日本学者山泽逸平（Wikipedia）进一步发展了阵理论，将产业的发展过程分为"产业引进、进口增长、出

口替代、成熟发展、反向进口"等阶段，更清晰地展示了区域经济增长的路径，以及落后国家或地区通过产业转移实现跨越式发展的方式。在这五个阶段中，产业变化轨迹由低到高延伸，相互交叉，具有大雁飞行的形态特点，经过这一产业发展过程，落后地区最终将实现区域经济增长和跨越式发展。这种发展模式后来被发现适用于亚洲国家产业结构和国际分工的变化，从一个国家向另一个国家的产业转移反映了产业结构从低层次向高层次演进的动态变化。

雷蒙德·弗农在1966年根据国际产业的发展情形和结构布局提出了产品生命周期理论。他认为产品的成长和推进过程呈现动态变化的特征，并不是一成不变的，相关的区域拥有着不同的定位和使命，所以区域发展应该立足于产品本身，利用外商投资的方式进行区域生产的调整。弗农据此解释了发展过程中出现的发达地区向欠发达地区进行产业转移的做法。从这个角度来看，弗农认为区域间的产品周期差异是发生区域产业转移的根本原因。

日本学者小岛清在1973年将各类研究理论成果进行了结合，包括雁阵理论、产品生命周期理论等，并根据自身的研究和实证调查，提出了追赶型产业周期理论。他认为，在区域经济发展中，一些不具备比较优势的产业是"边际产业"，是产业转移的主要形式，外国的直接投资将从这些"边际产业"开始。对于区域经济而言，产业升级的过程就是"边际产业"不断扩张的过程，它促进了产业转移的不断发展。此外，企业作为区域产业转移的微观主体，近年来也受到了理论界的关注。1977年，邓宁提出了折衷理论，解释企业对外投资和生产布局的变化过程，他认为用"O-L-I"模型能够全面地解释企业的成长，其中"O"代表企业在行业内具备的相关发展优势；"L"代表企业所具备的区位优势；"I"代表的是企业交易成本水平上的内部化优势。这三个优势共同影响了企业的对外投资和生产布局。

（二）比较优势理论

比较优势理论，又称比较成本贸易理论，是由英国经济学家李嘉图于 19 世纪 20 年代在其代表作《政治经济学及赋税原理》中提出的。该理论清楚地阐明了国际贸易的成因，即不同地区的要素禀赋和经济发展水平是不同的，但每个地区都有成本和价格上的优势，换句话说，决定地区间贸易基础的不是绝对优势，而是一国的比较优势。因此，每个国家或地区都应该生产具备优势的产品，进口存在生产劣势的产品。

然而，随着科学技术的进步和社会生产力的发展，一个国家或地区的比较优势可以通过技术学习、技术创新和经验积累等因素人为地创造出来。因此，动态比较优势理论应运而生。贝拉·巴拉萨（Bela Balasa）根据经济发展中物质与人力资本占比的变化程度，提出了比较优势阶梯理论。他认为，在经济发展中，一个国家或地区的要素禀赋是动态变化的，所以比较优势也会发生动态变化，这种动态比较优势会从发达国家逐步向发展中国家转移。20 世纪末，斯蒂芬·雷迪恩（Stephen Redding）对动态比较优势给出了一个明确的定义：当一个部门的机会成本增长率开始下降时，该部门将获得比较优势。动态比较优势理论是传统比较优势理论的延伸和发展，它肯定了发展中国家的潜力，认为比较优势取决于要素的积累和技术进步的变化。

（三）产业集聚理论

关于产业集聚概念的讨论涵盖了经济学、社会学、管理学、技术经济学等众多学科，形成了许多相似的定义，但是分析和表述方式不尽相同。最先提出产业集聚理论的是新古典经济学家马歇尔，他在《经济学原理》一书中论述第四种生产要素时提出了产业集聚现象，并对产业集聚现象产生的原因进行了总结：一是产业集聚不仅能够促进产品生产的专业化，还能促进与产业相关联的服务业发展；二是产业集聚对劳动力市场影响巨大，产业集聚能够形成较高的就业乘数，提供大量的就业机会，降低区域内失业率；三是产业集聚可以产生正的技术外溢效应。同时，马歇尔提出了工业区的概念，发现外部经济与产业集聚之间存在相互关联。另外，他发现当许多相同的产业集聚在同一区域内，就会吸引同类型产业所需的生产要素。产业集聚带来的专业化分工有助于熟练劳动力市场和附属产业发展，也能够加快基础设施的建设和升级。

1909 年，德国经济学家阿尔弗雷德·韦伯在《论工业区位》中提出集聚的概念，他从企业选址的微观角度提出了工业区位理论。同时，他发现企业会选择费用最小的区位来减少生产成本，而集聚能够帮助企业节约成本，因此，集聚决定了企业是否相互靠近。此外，他把集聚因素分为两个阶段：初级阶段，企业通过扩大规模产生集聚优势；高级阶段，企业间通过协作而实现地方工业化。随后，大批学者从不同的研究视角出发，给出不同的产业集聚的定义。迈克尔·波特（Michael E. Porter）从产业链的角度出发，认为产业集聚是指在某一领域内相互关联的企业和有关的竞争体在区域内集聚。他认为产业集聚是由竞争导致的，集聚能够提升产业的竞争力和国家总体的竞争力。此外，波特提出了钻石模型，认为国家竞争力能否获得提升取决于生产要素、生产条件、相关支持产业、企业战略结构四项环境因素。20 世纪 90 年代初，保罗·克鲁格曼（Paul R. Krugman）在垄断竞争模型的基础上，提出了规模报酬递增假设，构建了"中心—外围"模型，指出运输成本下降、生产要素流动和企业规模报酬递增能够通过市场机制的运转，促进经济活动在地区内的集聚。

三　区域协调发展相关理论

关于区域协调发展的研究最早可以追溯到罗丹提出的"极端"平衡发展理论，后来的诸多学者对此进行了深入的探索分析和研究，并且提出了区域平衡发展理论和区域不平衡发展理论。

（一）区域平衡发展理论

区域平衡发展理论按平衡发展程度，分为"极端"平衡发展理论、"适度"平衡发展理论和"完善"平衡发展理论。

一是"极端"平衡发展理论，以罗森斯坦·罗丹（Rosenstein Rodan）的大推进论为代表。1943 年，罗丹在《东欧和东南欧国家工业化的若干问题》中指出，工业化是欠发达地区快速发展的关键，但对于欠发达地区来说，其存在着总资本不足和工业化发展中大量生产要素与投资需求之间的矛盾。因此，罗丹提出应该对欠发达地区进行大量投资，以满足该地区发展的基本需求。同时，为了防止本地区生产与需求的不匹配和产品过剩，应整体推进地区投资，各地区投资应按相同的投资率进行，以实现区域发展中的产需平衡。罗丹主张在区域发展中采用相同的投资率，因此他提出的大推进论被称为"极端"平衡发展理论。

二是"适度"平衡发展理论，以罗格纳·纳克斯（Ragnar Nurkse）的落后循环理论为代表。1953 年，纳克斯在《不发达国家的资本形成》中指出，欠发达地区在供求层面存在着恶性循环。供给层面的恶性循环始于低收入导致的低储蓄率和资本短缺，这抑制了生产率的提高；需求层面的恶性循环始于低生产率带来的低收入，这抑制了购买力，导致了低生产率。以上两个层次的恶性循环将阻碍欠发达地区的发展，应采取平衡增长战略。纳克斯主张根据区域发展中需求价格弹性和收入弹性的不同占比来确定投资率，而不是采用相同的投资率，因此他提出的落后循环理论被称为"适度"平衡发展理论。

三是保罗·斯特里顿（Paul Streeten）的"完善"平衡发展理论。1959 年 6 月，斯特里顿在《牛津经济论文集》刊载的《不平衡增长》一文中提出，一方面要扩大投资规模，满足区域投资的最低发展需求，促进区域经济发展，同时强调区域均衡发展；另一方面应根据不同的投资比例和收益率，在各地区和国民经济部门之间进行投资，并利用一些地区和部门的优先发展，解决经济发展中的困难，从而实现地区整体平衡发展的目标。斯特里顿的观点是承认了前述两种观点的基本假设，他的发展观也是介于前述两种观点之间的。因此，他的理论被称为"完善"平衡发展理论。

上述平衡发展理论的基本观点是，平衡发展可以解决由区域经济发展差异造成的恶性循环和马太效应。因此，应通过生产力和投资的均衡分配，促进区域之间和区域内各部门之间的平衡发展。

（二）区域不平衡发展理论

随着研究的不断深入，区域平衡发展理论被发现存在着一些问题。由于不同区域存在要素禀赋水平、区位条件等客观差异，政府和市场难以实现全部区域的平衡发展，从而产生了区域平衡发展理论的反面理论，包括以下代表性研究观点。

一是弗朗索瓦·佩鲁（Francois Perroux）的增长极理论。1955 年，佩鲁在《略论增长极的概念》中，将物理学理论应用于经济学领域。他指出，区域是由空间中心和力场组成的，在这个力场中形成了离心力和向心力。他认为，经济增长并不是在所有区域内同时发生的，而是先发生在某些空间中，然后通过力场中的向心力和离心力共同作用于区域发展，这些空间中心被称为增长极。在佩鲁增长极理论的指导下，应首先开发拥有要素禀赋和区域发展优势的地区，形成增长极，然后通过增长极的带动作用促进区域整体的协调发展。

二是冈纳·缪尔达尔（Gunnar Myrdal）的循环累积因果理论。1957 年，缪尔达尔在《经济理论和不发达地区》中，提出了循环累积因果理论，即区域增长极存在扩散效应和极化效应两种作用。其中，扩散效应是指增长极会促进周边地区的发展，极化效应是指增长极对周边地区资源的集聚和吸引，会阻碍周边地区的发展，增长极对周边地区的影响取决于上述两个效应的结合。循环累积因果理论是增长极理论的补充，因为一个地区形成增长极后，必然会形成发达地区和欠发达地区的二元结构，循环累积因果理论解释了增长极如何影响区域协调发展。

三是阿尔伯特·赫希曼（Albert Hirschman）的不平衡增长理论。1958 年，赫希曼在《经济发展战略》中提出了不平衡增长理论，用以解释发达地区与欠发达地区之间的经济关系。他认为，区域经济增长将在一些地区率先实现，这些地区将成为发达地区，而另一些地区将成为欠发达地区。发达地区对欠发达地区具有极化效应和涓流效应，前者表现为发达地区对生产要素具有吸引力以及拥有较高贸易地位，会阻碍欠发达地区的发展；后者是指发达地区在生产技术、市场观念、市场需求等方面的溢出效应，能够为欠发达地区提供发展机会。从长远来看，对生产资源的充分利用，能够促进整体市场的形成和满足国家发展的需要，涓流效应将超过极化效应，也就是说，发达地区的发展将促进欠发达地区的发展，最终缩小地区间发展差距。

四是约翰·弗里德曼（John Friedmann）的核心外围理论。从发达国家与欠发达国家政治关系的角度出发，劳尔·普雷维什（Raul Prebisch）提出世界各国之间存在中心与外围的关系，即发达国家处于中心，欠发达国家处于外围，依附于中心并被中心发达国家剥削。相对于普雷维什提出的不平等关系和政治层面上对国家关系的分析，弗里德曼将中心与外围的概念引入对区域经济关系的研究，他认为，区域经济发展是由一系列创新组成的过程，在中心区域具有良好创新条件的城市，在发展中会从城市向周边不断扩散。中心区域对外围区域的作用主要在于其自身发展的集聚机制，如市场效应、供给效应、信息效应和自我强化效应。同时，随着中心区域与外围区域之间信息交流的加强，创新将超出中心区域的范围，推动外围区域的发展。在此作用下，一个新的中心区域将会出现，从而打破原有的中心与外围的界限，促进区域共同发展。

五是汤普森（J. H. Thompson）的区域生命周期理论。区域生命周期理论起源于弗农提出的产品生命周期理论，认为产品的生产会经历开发、成长、成熟和衰退阶段，是按照梯度周期性发展的过程。区域生命周期理论认为，随着产品生命周期的更替，区域将因新产品的大规模生产而形成规模经济。同时，随着技术外溢和模仿率提高，区域将逐渐面临来自其他地区的竞争。产品进入成熟阶段后，区域的比较优势将成为决定区域分工的关键因素，生产会不断转移到其他地区，从而带动其他地区的发展。因此，每个区域的产品开发生命周期也有相同的变化规律，即从开发阶段到成长阶段，再到成熟阶段和衰退阶段，区域经济发展中的技术和产业会随着经济发展阶段的不同而变化。

第六是威廉姆森（J. G. Williamson）的倒"U"形理论。1965年，威廉姆森对区域空间的结构变化进行时间序列分析，得出结论，区域发展阶段与区域发展差异之间呈现倒"U"形关系，这表明区域发展差异是区域经济发展的必然结果，同时，区域间的差异会随着经济的发展而缩小。根据郝希曼的不平衡增长理论，在区域经济发展的早期，两极分化效应明显，使得区域间的发展差距不断扩大。然而，随着区域经济发展水平的提高，涓流效应将有所提升，从而缩小区域间发展差距，实现区域协调发展的目标。倒"U"形理论主要有两种观点，一是区域间发展差距扩大是区域整体发展不可避免的阶段，二是缩小区域间发展差距是实现区域整体发展的必要条件。

根据上述区域不平衡发展理论，区域协调发展是宏观层面的发展目标，在实际情况中，区域间发展差距扩大的阶段不可避免。然而，随着整体经济发展水平的提高，在外部因素的推动作用下，区域协调发展的目标将最终实现。因为只有在区域协调发展的条件下，区域不平衡发展中经济结构不平衡和资源结构性短缺的问题才能得到解决。郝希曼认为，不平衡发展是区域经济发展的初级阶段，是实现区域经济平衡发展目标的必经阶段。

第二节 研究文献综述

一 环境规制与产业转移相关研究

（一）环境规制的产业转移效应

环境规制影响产业的区位选择，进而导致产业转移，这一研究最早可以追溯到 20 世纪 70 年代。当时全球学术界兴起了一股环境经济学的研究热潮，西方国家开始利用技术创新等途径将一部分污染环境的产业转移到发展中国家，由此形成了诸如"环境双重标准""产业外逃"等理论，其关注的重点在于环境成本内部化所产生的比较优势如何影响污染产业的区位选择。本部分将从"污染避难所假说"[①]、企业技术创新以及 FDI（外商直接投资）区域分布等角度综合考量环境规制的产业转移效应。

第一，经典贸易理论下的"污染避难所假说"。环境规制导致污染产业转移的因素研究，主要起源于 Pethig（1976）和 Siebert（1977）对污染产业转移现象的初步分析。他们认为，因环境监管规制力度不同导致的生产成本差异，将促使企业把污染严重的产业转移到环境规制力度较弱的国家或地区。

后来，Walter 和 Ugelow（1979）提出了著名的"污染避难所假说"。在经典贸易理论的基础上，他们认为环境规制会提高企业生产成本，使环境规制力度较高的国家失去区位优势、环境规制力度较弱的国家具有比较优势，并使污染密集型产业出现国际

---

① "污染避难所假说"，也称"污染天堂假说"或"产业区位重置假说"，主要指污染密集型产业的企业倾向于建立在环境标准相对较低的国家或地区。

化转移，一般是从发达国家转移至发展中国家。

Oates 和 Schwab（1988）进一步证明了"污染避难所假说"，即力度较大的环境规制会使以营利为目的的污染企业更倾向于选择环境规制力度较弱的发展中国家。此后，国外许多学者从理论上系统地论证了"污染避难所假说"，"污染避难所假说"越来越完善。Naughton（2014）使用了 28 个经济合作与发展组织（OECD）国家 1990～2000 年的面板数据来衡量环境规制对东道国和母国 FDI 的影响，结果表明，环境规制强度与 FDI 之间呈负相关关系，即拥有高强度环境规制的国家污染行业大规模减少，拥有低强度环境规制的国家则拥有更多此类行业。

国内学者对环境规制影响产业转移的研究起步较晚，大多是对国外研究的进一步完善。但国内许多学者已经证明了"污染避难所假说"在中国的存在（傅帅雄等，2011；董琨、白彬，2015；刘叶等，2016；杨子晖、田磊，2017；王柏杰、周斌，2018；霍伟东等，2019；董会忠、韩沉刚，2020；都小妹，2021）。

陈林和朱卫平（2010）认为，珠三角地区产业发展明显受到土地、能源、环境承载力、劳动力等四个瓶颈因素的制约，导致企业自主转移。侯伟丽等（2013）的研究表明，随着我国环境规制的普遍增强和产业结构的进一步调整，"污染避难所"效应有所增强。吴朝霞（2016）发现地方政府可以根据经济发展和环境保护政策的需要，通过对环境规制的适当调整，引导污染产业转移主体采取自发博弈策略，从而有效控制污染产业转移对区域的外部影响。

冉启英和徐丽娜（2019）认为，省际产业转移不仅会加剧承接地环境污染，还会对邻近地区的环境状况产生负面影响，而空间关联地区环境规制的强化会恶化本地环境。武祯妮等（2021）的研究结果表明，区域环境规制工具的差异是产业转移的原因之一。李志伟等（2021）采用空间面板杜宾模型分析地方政府环境规制对产业转移的影响，发现环境规制强度对产业流入具有显著的抑制作用，当环境规制强度加大时，会促进产业外流，环境调控强度和产业转移指数具有显著的空间溢出效应。罗知和齐博成（2021）以长江流域 85 个城市为样本，证明了环境规制对产业转移升级的正向影响。

一些学者则得出了不同的结论。Wheeler（2001）探讨了不同国家环境规制强度与接受外商直接投资之间的关系，认为环境规制强度的差异对东道国接受外商直接投资没有显著影响。还有研究发现，在这种情况下，"污染避难所假说"是站不住脚的。林季红和刘莹（2013）利用固定效应和随机效应的双模型，研究了中国 36 个工业行业是否符合"污染天堂假说"，认为只有当环境规制被视为内生变量时，"污染天堂假说"才成立，当环境规制被视为外生变量时，结果则相反。

第二，"波特假说"下的企业技术创新。企业微观行为是产业发展的基本要素。Buckley 和 Casson（1976）的内部化理论从跨国公司所有权比较优势与东道国环境成本之间的关系出发，基于企业追逐利益最大化的前提对污染企业区位选择的行为进行了解释。一方面，环境规制可能导致企业退出，如氯化氢、氯氟烃、滴滴涕杀虫剂等生产企业（陈波萍，2013；张伟佳，2018；司传煜，2021）。另一方面，环境规制也可以促进企业加大研发投入，增强企业竞争力（陈波萍，2013；余东华、胡亚男，2016；原毅军、陈喆，2019；肖远飞、周萍萍，2021）。

　　学者们关于环境规制对企业技术创新影响的研究多围绕典型理论之一"波特假说"展开。这一假说认为，环境规制会在短期内增加被规制企业或行业的相对生产成本，从而降低被规制企业或行业的相对竞争力。但是从动态角度来看，适当的环境规制可能会使企业在资源环境约束日益趋紧的情况下改变生产经营方式，并通过技术创新提高企业的市场竞争力。"波特假说"很快引发了国外学者对环境规制影响企业行为的热烈讨论。Jaffe 和Palmer（1997）进一步将"波特假说"分为"弱波特假说"和"强波特假说"，其中"弱波特假说"认为合理设计的环境规制政策能够刺激企业进行技术创新，但没有强调这种创新是否有利于提高企业竞争力。基于"波特假说"的理论结果，一些学者开始关注实证分析，以验证其有效性。在验证"弱波特假说"，即环境规制对企业技术创新影响的实证研究方面，国内外相关学者主要有以下几个研究方向。

　　一方面，环境规制是否会影响企业的技术创新投入。Aghion等（2016）认为，在当今的知识经济中，创新会对企业竞争力产生至关重要的影响，创新投资也是影响企业生产率增长的核心内容。Hibiki 等（2010）针对尾气排放管制是否会促进日本企业增加研发投入的问题进行研究，结果显示，环境规制对于零部件制造企业研发支出的管制作用不及装配企业。Lanoie 等（2011）将OECD 国家作为研究的切入点，讨论了环境规制对企业研发投入乃至企业经营绩效的持续性影响，结果显示，环境规制对企业研发投入具有促进作用，但是和企业经营绩效之间没有显著相关性。Kneller 和 Manderson（2012）针对英国制造行业环境规制与企业研发投入之间的相关性进行了分析，结果显示，企业的研发投入与环境规制之间呈现正相关关系，但是环境规制并不会对企业的研发投入产生显著影响。

另一方面，环境规制是否会影响企业的技术创新绩效。Wagner（2008）认为环境管理体系（EMS）对企业的环境技术创新具有促进作用，但对产品创新的影响非常有限。Calel 和 Dechezlepretre（2016）检验了欧盟排放交易体系（EUETS）对企业技术变革的影响，发现 EUETS 会对企业低碳技术的研发投入产生一定的促进作用，但是并不会对其他创新专利产生过多影响。Weiss 和 Anisimova（2019）将研究视角对准了瑞典的高污染企业，结果显示，环境规制对高污染企业能源效率的提升具有促进作用。

国内学术界关于环境规制与企业技术创新的研究可以概括为以下几方面。张成等（2011）对环境规制强度与企业生产技术进步之间的关系进行了建模分析，同时还纳入了全国多个省份的调研数据，利用该模型证明了中国东部、中部地区的环境规制强度和企业生产技术进步之间的关系呈现"U"形曲线特征，而西部地区则没有显著的相关性。李平和慕绣如（2013）基于系统的 GMM 和阈值回归方法对"波特假设"的存在前提进行了验证，并指出"波特假说"存在一定的滞后性问题，环境规制强度和技术创新之间的三重门槛效应较为显著。蒋伏心等（2013）强调环境规制对技术创新既有直接影响，也有间接影响。聂国卿和郭晓东（2018）指出，企业技术创新会受到环境规制的正负双重影响，具体与污染强度有关，包括污染属性在内的多种因素都会对其产生影响。张国勇（2018）针对辽宁省内环境规制与技术创新之间的作用关系进行了分析，结果显示，环境规制能够与技术创新进行持续性的融合，但是这种融合并不具有显著的非线性特征，这也表明辽宁省的环境规制力度比较适宜。董直庆和王辉（2019）分析发现，环境规制对周边地区绿色技术进步的影响呈现倒"U"形曲线特征。

第三，环境规制对 FDI（外商直接投资）区域分布的影响。外商直接投资（FDI）是产业转移的重要影响因素，环境规制与外商直接投资区域分布关系的研究可以追溯到 20 世纪 70 年代，为了进一步验证"污染避难所假说"，国外大量学者证实环境规制对 FDI 的分布有负面影响。John 和 Catherine（2000）利用 1986～1993 年美国各州的数据，研究了环境规制对跨国企业区位选择和 FDI 吸收的影响，结果表明，严格的环境规制会抑制 FDI 的区域分布。

然而，也有学者提出了相反的观点，认为环境规制可以促进 FDI 的区域分布。Colin 和 Kenichi（2008）在一项涉及日本重污染企业的研究中发现，环境标准透明的国家容易受到日本重污染企业的青睐，这也反映出环境规制会对 FDI 的区域分布产生直接作用。Andrea（2011）在以欧洲工业为研究对象的研究中，利用控制工业污染的总支出和征收的环境税来评价环境规制的具体强度，进一步讨论不同强度的环境规制是否会对企业对外投资的区位选择产生直接作用，结果显示，企业对外投资的区位选择受到环境规制的正向影响。Wang 和 Chen（2014）基于制度经济学的基本理论，提出 FDI 的环境外部性与东道国的制度发展密切相关。Cai 等（2016）根据 1998 年实施的双管区政策，将中国城市按照环境规制的不同标准划分为 TCZ 城市和非 TCZ 城市，两者的环境规制力度有所不同，随后 Cai 等针对上述两组城市的数据进行分析，发现力度较大的环境管制对 FDI 在 TCZ 城市的分布会产生一定的抑制效应。

国内学者也对环境规制对 FDI 的影响进行了大量的研究，发现环境规制对我国 FDI 分布的影响不是简单的线性关系。傅京燕等（2010）构建了区域面板模型，认为环境规制、物质资本和人力资本指标均会对比较优势产生负面影响，且环境规制的二次项与比较优势正相关，这表明环境规制对比较优势的影响呈"U"形曲线特征。李丽莎（2010）认为，环境规制对 FDI 分布的影响呈现"U"形曲线特征，拐点前，环境规制与 FDI 分布呈负相关关系；拐点后，环境规制与 FDI 分布呈正相关关系。慕绣如（2013）发现我国当期环境规制对创新主要产生挤出效应，在滞后期环境规制的创新效应逐渐显现并不断增强，同时环境规制的技术创新效应呈现明显的门槛效应特征。杨军等（2016）基于 2004~2013 年中国制造业子产业数据构建阈值回归进行实证检验，发现环境规制强度对制造业 FDI 分布具有三重门槛效应。吕朝凤和余啸（2020）分析了基于污染当量控制的环境规制对 FDI 区位选择的影响，结果表明二氧化硫排污费征收标准的调整对 FDI 的分布影响呈"U"形曲线特征。

对于中国环境规制对 FDI 区域分布的影响，国内学者利用国家、地区和行业层面的数据进行了大量的实证研究。在国家层面，李斌等（2011）基于 1999~2009 年国内面板数据证明了环境规制对 FDI 分布的负向影响。朱平芳等（2011）应用空间计量经济学，基于 2003~2008 年中国 277 个地方城市的数据，认为环境规制在 FDI 水平较低的地区对外资并不是简单的遏制作用，环境规制对引进 FDI 的"逐底效应"只在 FDI 中高水平的某一区间内显著存在，在其他区间并不显著。彭可茂等（2013）基于 2002~

2012 年的面板数据，发现我国东部、西部地区环境管制对引进 FDI 没有显著的抑制作用，但长期看抑制了中部地区的 FDI 引进。金春雨和王伟强（2016）基于 1996~2011 年我国高技术产业的内资企业和外资企业面板数据，发现 FDI 与我国高技术产业技术进步之间有显著的非线性关系，人力资本、技术差距以及外资规模对 FDI 的技术溢出存在明显的"门槛效应"。周长富等（2016）以 2001~2012 年国内省际数据为基础，在融入成本因素后发现，增加环境监管成本有助于提高中国东部地区 FDI 的数量和质量，并会对中国中部地区的 FDI 分布产生显著的负面影响。李国平等（2013）基于 2005~2010 年国内多个行业数据证明了环境规制会对中国工业行业的 FDI 分布产生直接作用，在技术密集度较低、技术研发强度较低、垄断程度较低的行业，环境规制会对 FDI 分布产生更为显著的抑制作用。朱东波和任力（2017）基于 2001~2014 年国内省际数据，证明环境规制对 FDI 在不同行业的分布情况具有显著的差异化影响。

（二）产业转移对环境的影响效应

随着产业转移在我国的发展，国内一些学者开始关注产业转移对环境的影响，许多学者指出，随着产业转移的加快，环境污染将会加剧。特别是产业加速从发达地区向欠发达地区转移，虽改善了发达地区的环境质量，但欠发达地区在承接产业转移过程中，面临环境恶化的问题（孙敏，2013；时乐乐，2017）。通过梳理产业转移对转入地区环境质量影响的相关研究，学者们得出了以下研究结论。

一是产业转移有利于转入地区的环境保护。Attig 等（2016）利用工具变量法证明了美国企业在转移至其他发展中国家时需要承担更多的环保职责。Huang 等（2019）基于中国双控制区政策节点，利用双重差分法证明 FDI 促进了煤电环保技术的升级。许和连和邓玉萍（2012）采用空间误差模型和空间滞后模型分析了 FDI 对中国环境污染的影响，发现 FDI 在某一特定区域进行聚集时可以对降低污染排放产生促进作用，还在分析中排除了外商投资的影响因素。熊旭颖（2013）研究了 FDI 与碳排放之间的关系，认为外商直接投资具有显著的技术外溢效应，有利于降低我国的碳排放，我国不会成为发达国家的"污染避风港"，且环境库兹涅茨倒"U"形曲线也得到检验。李梦洁和杜威剑（2014）以城市带产业示范区为例，研究产业转移对长三角地区环境质量的影响，结果表明，在提高转移进入门槛和加强环境管制的前提下，可有效实现承接地与转出地的环境"双赢"。秦晓丽和于文超（2016）、袁华锡等（2019）通过构建空间权重矩阵，发现外商直接投资可以改善地区环境质量。

二是产业转移对转入地区的环境产生了负面影响，证实了"污染避难所假说"。Manderson 和 Kneller（2012）将环境规制纳入 Logit 回归方程，发现"污染天堂效应"在英国存在。Kivyiro 和 Arminen（2014）构建了回归分析模型，证明了工业转移会对非洲地区温室气体的排放产生直接影响，非洲地区温室气体排放量会随着工业转移的增加而逐渐增大。Sapkota 和 Bastola（2017）在对拉丁美洲的研究中也采用了这一方法，并强化了这一结论。Lau 等（2014）创新性地利用边界检验方法对马来西亚的环境污染排放进行了估计，发现污染排放的增加可以归因于 FDI 的流入。Chung（2014）对韩国环境规制强度进行了测量，并将其作为 DID 的识别工具，进一步解决了韩国国内的内生问题，还利用实证分析证明了韩国国内"污染避难所"现象的存在。林季红和刘莹（2013）采用工具变量法从工业角度证明了"污染天堂假说"。张宇和蒋殿春（2014）利用三阶段最小二乘法验证发现FDI对中国环境会产生不利影响。卢进勇等（2014）认为，当选取工业废水为被解释变量时，FDI对环境污染的影响会加剧，但是当工业二氧化硫被定义为被解释变量时，FDI在高级阶段能够起到抑制环境污染的作用。张晋霞（2014）用格兰杰因果检验证明了产业转移和环境质量之间存在显著相关性，并在此基础上深入讨论了外商直接投资和国内外投资对新疆环境质量的影响，发现二者都与环境污染有长期的影响关系，是新疆环境进一步恶化的格兰杰原因。王小斌和邵燕斐（2014）采用系统的GMM方法研究了贸易开放与碳排放之间的影响关系，发现对外贸易加剧了二氧化碳排放，这一影响在不同时间和不同地区的表现不同，并验证了EKC曲线存在于经济发展水平与碳排放的关系之中。

三是产业转移对环境的影响因阶段和地区的不同而存在差异。董琨和白彬（2015）采用广义矩估计方法对中国东部、中部、西部地区开展实证研究，发现部分企业为规避相对较高的环境监管成本而选择将污染产业转移到环境规制力度相对较弱的地区。李力等（2016）基于全球空间自相关分析和局部空间自相关分析方法，讨论了国内珠三角地区FDI和空气污染质量之间的相关性，结果显示，珠三角地区FDI的分布对不同行业的影响存在显著的差异。沈悦和任一鑫（2021）证明了省际产业转移对整体环境污染具有显著的直接影响，并存在负向空间溢出效应，当一个省份的产业转移到邻近省份时，该省份的环境污染程度会减轻，但邻近省份的环境污染程度会加剧。

二 产业转移与区域协调发展相关研究

(一) 区域协调发展的演变及衡量

学术界对"区域协调发展"的内涵尚未达成共识。杨开忠 (1993) 认为，区域经济协调发展的内涵随着社会经济的发展而变化，不同的发展阶段有不同的内容。刘再兴 (1993) 提出，改善生产力分布可以有效协调区域关系。随后，学者们意识到区域间关系对区域协调发展尤为重要。蒋清海 (1993, 1995) 从区域间关系出发，认为区域协调发展是指区域间相互依存、相互促进，最终实现共同发展。覃成林等 (2011) 在前人研究的基础上，将区域协调发展的内容具体化，提出了区域间经济联系紧密、经济依赖加深、经济发展相互关联等要求。

同时，许多学者认识到，区域协调发展不仅要注重经济发展，更要注重效率。从效率与平衡的角度来看，高志刚 (2003) 认为，只有坚持效率与公平，才能实现各地区的共同发展。陈秀山和刘红 (2006) 也认为区域协调发展的核心是"效率"。陈秀山和杨艳 (2010) 认为，要评价区域协调发展，应根据区域协调发展的内涵和目标，构建简单但有代表性的指标体系。

徐康宁 (2014) 认为，区域协调发展是区域发展利益的综合协调、互利协调和自然协调。于源和黄征学 (2016) 认为，促进区域协调发展的重点是要素有序自由流动、主体功能有效约束、基本公共服务均等化。庞玉萍和陈玉杰 (2018) 认为，区域协调发展是指各地区充分发挥各自的比较优势，合理分工，在空间上实现适度的产业集聚和高度的区域专业化。刘强和徐生霞 (2021) 认为，区域协调发展是指在各区域对外开放的背景下，区域之间的经济联系日益密切，各种资源自由流动，以市场经济为导向的各种技术相互合作，居民基本公共服务条件达到要求，经济发展、生态环境、创新能力和公共服务等方面的区域间差距逐步缩小的过程。

从经济增长的视角看，区域协调发展是区域经济发展水平趋同的一种体现（徐现祥、舒元，2005），许多学者的研究结果也证明了区域经济发展水平趋于收敛的结论（Barro，1992；Maza et al.，2012；Chambers and Dhongde，2016，2017）。然而，Arbia 和 Paelinck（2003）分析了欧盟 119 个城市的人均 GDP，发现研究区域内的人均收入最终不会趋同。Cheong 和 Wu（2013）根据 1997~2007 年中国县域收入数据，发现中国区域经济发展不存在趋同趋势。Ho（2015）研究了 1916~2012 年美国 48 个州之间的收入差距，也支持收入不会趋同的结论。在国内研究方面，罗浩等（2015）发现，1994~2013 年广东省区域经济发展差距呈现明显的倒"U"形变化，且与经济增长率的变化相伴，但略有滞后。骆泽顺和林璧属（2015）发现旅游发展对促进区域协调发展的作用机制趋同。

此外，国内一些学者利用区域差距的缩小来反映区域协调发展水平的提高，具体来说，以 GDP 或人均 GDP 为基本指标，通过计算基尼系数、变异系数、泰尔指数等来衡量（刘丽娟，2016；唐常春等，2016；张艳侠、陈刘尊，2019）。还有一些学者通过构建综合指标和函数模型来直接衡量区域协调发展水平。一是运用系统论的方法，构建经济、社会、人口、资源、环境、科技等综合指标（汪波、方丽，2004；洪开荣等，2013；侯燕磊、盛广耀，2018）。二是运用数学方法构建函数模型，即从区域间经济联系、区域经济增长和区域经济差距三个方面构建区域协调发展程度函数模型（覃成林等，2011）。

许多学者在现有测度方法的基础上，对中国区域协调发展水平进行评价。中国区域协调发展水平整体呈上升趋势，目前处于较高水平（覃成林等，2013），但大部分省份的协调发展水平仍较低（张伟丽、李建新，2013）。以京津冀地区为例，曾珍香等（2008）、陈红霞和李国平（2010）、邓永波（2017）等认为，在时间上，1992年前，京津冀地区的经济发展水平大致相同，但1992年之后，三个地区间的经济发展水平的差距逐渐扩大；在空间上，京津冀地区呈现经济增长分布不均衡的特点，尚未真正实现协调发展。车冰清等（2012）以江苏省的52个县为研究对象，构建了社会经济系统指标，认为江苏省经济协调发展经历了四个阶段：1990~1995年的波动期、1996~2000年的增长期、2001~2003年的下降期和2004~2007年的稳定期。侯燕磊和盛广耀（2018）通过对京津冀、长三角和珠三角地区进行比较，发现长三角地区的协调发展水平较高；但是，对于同一地区，构建的指标体系不同，最终的结论也会不同。张婷等（2018）构建了基于经济联系强度、整体经济效率和经济发展差距的指标体系，发现2001~2015年江苏省经济协调发展水平总体呈上升趋势。覃成林和崔聪慧（2019）研究发现，粤港澳大湾区的协调发展水平总体也呈上升趋势。

（二）产业转移推进区域协调发展

一方面，国内学术界对产业转移如何推进区域协调发展不断进行研究。学者们关注的焦点主要是产业转移对产业转入地区和产业转出地区的不同经济效应，包括生产要素、意识形态、制度、行业协会、技术外溢、竞争态势、产业增长和结构升级对产业分工和区域经济发展的影响等方面。对产业转入地区而言，产业转移将通过生产要素转移、区域资源利用、加强产业关联、产业技术外溢和主导产业形成等方式，促进其产业结构升级（郝洁，2013）。对于产业转出地区来说，产业转移通过市场拓展、资源综合利用、企业重组等方式，促进其产业结构升级（王欣亮，2015）。另一方面，国内外学者对产业转移如何有效缩小区域经济发展差距进行了大量研究。许多学者认为，产业转移可以促进产业结构升级，产业结构升级可以带动产业结构优化，从而促进区域协调发展，即产业转移可以缩小地区差距，实现互利共赢（Wu et al.，2014；胡伟、张玉杰，2015；贺玉德，2017；孙晓华等，2018；Chen et al.，2019；周阳敏、桑乾坤，2019；Liu et al.，2020）。

国外学者对产业转移对区域经济发展差距的影响进行了研究。Wu 等（2014）基于系统动力学的理论和经验证据，发现产业转移对缩小地区间 GDP 的相对差距具有正向影响。Chen 等（2019）利用非参数方法建立了生态效率测度模型，结果表明，为了协调经济发展和环境保护之间的关系，必须保持一定的制度差异，以促进区域一体化。Liu（2019）采用双差分和三差分模型，验证了广东省区域间产业转移政策提高了全要素生产率和促进了区域内产业转移，推动了经济协调发展，并提出政府需要在促进产业转移、提高全要素生产率、实现经济持续稳定发展等方面起到更好的引导作用。Tian 等（2019）分析认为，由于北京多数传统产业缺乏竞争力，产业转移是必然趋势。Liu 等（2020）利用一般均衡模型，验证了产业转移对北京经济发展会产生正向效应。

国内学者关于产业转移对区域经济差距的影响也进行了大量的研究。张龙鹏和周立群（2015）研究了中国东西部地区的面板数据，发现国际产业转移能够有效缩小中国区域经济差距，而区域间产业转移并不能缩小中国东西部地区的经济差距。胡伟和张玉杰（2015）发现，产业转移引起的区域内产业调整对经济增长的促进作用在各省份之间存在显著差异。孙久文和姚鹏（2015）认为，产业转移现象可以促进技术、资本、劳动力等资源的跨区域流动，从而加速区域经济一体化进程，也会导致区域产业的集聚或扩散；同时，区域经济协调发展也可以促进产业转移。佘时飞（2015）发现，区域经济协调发展可以促进产业空间转移、增加居民实际收入、增加社会福利，从而促进经济的发展。

靖学青（2017）以长江经济带为研究对象，发现产业转移与区域经济发展差距之间呈负相关关系，并且这种相关关系具有显著的统计学意义，对区域经济协调发展起到了积极作用。贺玉德（2017）利用格兰杰因果检验、广义脉冲函数和方差分解方法得出，四川省在承接产业转移的趋势下，第二产业发展迅速，对GDP和其他产业的带动作用明显。

皮建才和仰海锐（2017）以京津冀地区为研究对象，发现产业转移过程中合理的区位选择能够有效地平衡区域经济的协调发展与环境污染之间的关系。孙慧文（2017）对产业转移是否影响区域经济发展存在不同的观点，认为产业转移对区域经济增长的促进作用不显著。戴志敏和罗琴（2018）指出，产业转移承接效率与区域经济发展水平之间并不是严格的线性关系，而是具有非常复杂的非线性特征，随着产业承接效率的提高，产业转移对区域经济发展的促进作用将减弱。孙晓华等（2018）发现，产业转移与要素集聚之间的相互作用显著影响区域经济发展，能够促进区域协调发展。周阳敏和桑乾坤（2019）发现，在制度资本作用下，回归型产业转移对区域经济增长具有正向作用，能够促进区域协调发展。

三　环境规制背景下产业转移与区域协调发展相关研究

现阶段把环境规制、产业转移与区域协调发展三个概念纳入同一个分析框架的相关研究较少，但将其中两个概念与另外一个高度相关的概念组合在一起作为研究主题的文献较多，这些文献对于本书的框架构建提供了参考。

代迪尔（2013）研究了环境规制背景下产业转移与碳排放的相关性，将中间产品流动在污染产业转移中的无形载体作用纳入了企业投资与贸易理论的分析框架，并分析了环境规制对企业生产成本比较优势的影响，证明了"隐性"污染产业转移的"隐性"污染遮蔽效应。张辽（2013）的研究发现，科学合理的空间结构优化，依赖于要素的区域间流动和产业转移。王欣亮（2015）验证了产业转移能够促进中国区域经济协调发展，并证明了依托比较优势，通过产业转移促进区域经济协调发展具有现实的可操作性。周海波（2017）研究了产业集聚、经济发展与交通基础设施之间的相关性，发现产业集聚在经济发展和交通基础设施之间发挥了桥梁作用，桥梁作用的大小取决于向心力和离心力的相互作用。孔海涛和张永恒（2018）以我国283个城市为样本讨论了环境规制、企业利润率与产业转移之间的相互作用关系，并且证明了提高地方环境规制强度会促进地方产业向外转移，但不利于产业从外部向本地转移，而企业利润率的提高则促进了产业从外部向本地转移。邵利敏（2019）借助 C-D 生产函数、效用函数和污染函数，发现环境规制边际水平提高会导致产业结构变化、污染中间品数量不断减少、清洁中间品数量不断增加；并在数学分析的基础上，进一步证明了经济增长率与产业结构的调整程度之间呈正相关关系。刘岩（2020）在构建绿色经济效率测度指标体系的基础上，选取我国 30 个省（区、市）2003～2017 年的面板数据，通过构建动态面板模型，分析环境规制和产业转移对国内绿色经济效率的调节作用，发现环境规制和产业转移会对国内绿色经济效率的提高产生一定的负面影响。

第三节　相关理论与研究文献述评

　　现有研究文献主要关注环境规制与企业决策、环境规制与产业转移、环境规制与区域经济增长、产业转移与产业结构升级、产业结构升级与区域协调发展等两两之间的关系，关于区域协调发展方面的研究文献主要关注区域不协调成因与水平测度、区域增长是否趋同等，将环境规制、产业转移、区域协调发展三者同时纳入一个理论框架的研究文献不多，如果不能在统一的分析框架中探讨三者之间的关联性，那么所得到的区域协调发展结论便不够全面。

　　关于环境规制影响产业转移的内在原因有待深入分析。一方面，现阶段学术界的研究重点普遍集中于国家或地区层面的产业转移以及企业层面的微观决策，如发展中国家是否成为发达国家的污染避难所、欠发达地区是否成为发达地区的污染天堂、环境规制对 FDI 的影响分析、企业投资效率与环境规制之间的关系等，关于环境规制影响下区域间产业转移方面的研究近几年才兴起，研究成果相对较少。另一方面，关于环境规制影响区域间产业转移的机制也鲜有深入分析，尚未形成规范的研究结论，不能为我国区域间产业转移提供系统的、具有严密理论基础且可推导出基本命题用于实证检验的理论模型。

关于产业转移对区域协调发展的影响机制缺乏进一步探索。第一，已有文献主要分析和解释产业转移过程中的"典型化事实"或者规律，多是探索产业转移如何影响产业区位选择与空间布局、产业转移如何促进产业结构升级、转入地区如何更好承接产业转移等，并没有对不同环境规制背景下区域间产业转移、潜在产出以及区域协调发展等问题进行深入研究。第二，大多数产业转移理论的立足点在于比较优势理论，国内外学者对产业转移的市场规律也已达成共识，但对经济主体迁移决策与区域行政干预之间互动的研究较少，特别是关于区域间产业转移效应的实证研究结论不足。第三，对于产业转移的经济增长效应在不同地区或省份之间是否存在显著差异，特别是转移后会产生哪些具体影响，是否会促进区域利益格局调整和区域协调发展，目前还没有统一的认识。

关于指标的选取和体系的构建有待进一步完善。第一，在环境规制方面，目前还没有形成统一的环境规制测度指标，多采用环境政策分类下的环境规制强度（ER），对不同政策类型下的环境规制强度的测量方式仍有待完善。第二，在产业转移评价指标方面，目前大部分是将区域内工业总产值的改变情况作为量化评价的依据，产业分割不够明确，笼统地研究所有行业或只研究污染行业是不合理的，而且产业转移过程中经济与环境协调发展的指标研究不够深入。第三，在区域协调发展的指标选取方面，选取的多是测量、证明区域发展不协调的指标，或是衡量经济发展水平的指标，还没有形成统一完整的、综合考虑区域协调发展的指标体系。

第四节　小结

本章从环境规制、产业转移和区域协调发展的相关研究入手，对相关理论与研究文献进行梳理和总结，发现以下三个有待深入分析的问题。

第一，利用环境规制促进产业转移是否有效。根据上述环境规制与产业转移的研究现状，不难发现目前学术界对环境规制对产业转移的影响仍存在一些矛盾或分歧，主要体现在"污染避难所假说"、"波特假说"、"雁阵理论"、比较优势理论之间，但环境规制对企业投资决策的影响、对产业区位选择的影响以及对FDI、技术创新等要素的影响确实客观存在。特别是在"波特假说"下，学者们试图更全面、系统地分析环境规制的影响，包括环境规制如何影响产业转移，以及两者之间可能存在的内生关系等。环境规制与产业转移之间的具体理论传导机制，将是本书的第一个切入点。

第二，利用产业转移推动区域协调发展是否可行。根据上述产业转移与区域协调发展的相关研究，可以发现目前学术界对于产业转移是否能够推进区域协调发展尚未形成共识，问题集中于在区域协调发展目标下，产业转移影响转入区域、转出区域的机

制是什么，特别是转移之后会对转出地区、转入地区产生哪些具
体影响，产业转移如何缩小区域间发展差距和如何促进区域协调
发展等方面。产业转移如何促进区域协调发展，二者之间的理论
传导机制是什么，将是本书的第二个切入点。

第三，通过环境规制促进产业转移进而推动区域协调发展能
否生效。现有研究文献主要关注两两之间的关系，未将三者纳入
同一个分析框架。如何构建以环境规制为动力、以产业转移为路
径、以区域协调发展为目标的理论逻辑和传导机制，将是本书的
第三个切入点。

|第二章|

环境规制、产业转移与区域协调发展的
内涵界定及机制分析

本章首先对环境规制、产业转移与区域协调发展的内涵进行界定，其次对环境规制影响产业转移的机制进行分析，再次对产业转移影响区域协调发展的机制进行分析，最后对环境规制背景下产业转移影响区域协调发展的机制进行分析，从而为本书的实证研究提供理论依据。

第一节　环境规制、产业转移与区域
协调发展的内涵界定

一　环境规制

规制是由英文单词"Regulation"演变而来的，其含义是基于法律手段来达到干涉、管控的目的。美国经济学家乔治·斯蒂格勒（George Joseph Stigler）提出，规制是为了能够达到某种目的或维护集体的利益，在国家层面编制和发行的相关制度。日本经济学家植草益认为，规制是社会公共部门在企业经济活动中基于一定规则来起到约束作用的行为。每种规制想要达到的目的是不一样的，所采用的方法也具有一定的差异性，基于此，可将规制划分为两种类型，即直接规制和间接规制，直接规制又由经济规制和社会规制两部分组成。经济规制的概念是在出现行业垄断、资源信息不均衡的情况时，政府用法律来对企业各方面的行为进行约束，如投资、金融、价格等，以实现资源的有效配置；社会规制是为了让群众在生命、财产、健康、环境等方面的权益有所保障，制定相应的法律法规来对企业的行为进行约束，如保障产品质量与员工利益、加强环境保护等。

本书主要是对社会规制中的环境规制进行研究。环境规制的目的在于保护生态环境、提升经济发展水平，主要包括降低环境污染、避免资源浪费、维护生态平衡三个方面，是政府为管控和约束企业的生产行为而提出的。政府可以通过行政法规直接干预企业排放标准的制定，如征收环境税、排污费等，提升监管效率。因此，政府的环境规制也由原本的直接规制发展为直接规制与间接规制相融合的方式，规制手段也在原来的基础上增加了市场激励。随着社会经济的发展，人们对环境的要求也越来越高，社会各界组织了各种类型的环境谈判。换句话说，除政府提出的环境规制之外，非正式环境规制也逐渐形成。Pargal 和 Wheeler（1996）认为非正式环境规制是指由社会组织与企业开展游说活动来达到保护环境目的的行为，也可以将其理解为社会组织和企业为了维护自身利益承担起了保护环境的义务。赵玉民等（2009）、李红侠（2014）、崔恺媛（2017）等对环境规制进行了分析，认为环境规制是为了保护生态环境而产生的，没有一种固定的形态，是基于个体或团体而存在的。所以，环境规制可分为两种类型，即显性环境规制和隐性环境规制。其中，隐性环境规制主要包含环境保护意识、观念、态度、认知等内容，就其概念而言，和非正式环境规制具有相同意义。

所以，本书对环境规制进行了更深层次、更全面的分析。对环境保护来说，正式与非正式环境规制一定是同时存在的，二者之间具有互补性。目前，国内部分学者认为环境规制可以分为命令控制型、市场激励型和公众参与型三种类型（见表 2-1）。

表 2-1　国内部分学者对环境规制的概念界定

主要类型	概念界定	主要特征	相关学者
命令控制型	政府采取各种方式对企业的污染排放问题进行管制和约束，如发布行政命令、出台法律法规等	具有明显的强制性和强大的影响力	熊鹰和徐翔（2007）；赵玉民等（2009）；崔远淼和谢识予（2014）；等等
市场激励型	管理部门以市场机制为切入点，将环境外部性应用于企业，借助明确的定向市场信号，引导企业在追求收益最大化的同时实现对环境的有效保护	从解决环境污染负外部性的角度来看，由个体或机构对企业生产经营中的污染排放问题进行控制和约束	赵红和孙建修（2011）；金帅（2011）；李红侠（2014）；王小宁和周晓唯（2014）；等等
公众参与型	基于社会层面，维护企业形象，分析在环境保护中引入第三方管控的必要性和可行性	是由社会组织提供的保护环境的方式，可以对企业污染治理起到积极作用	郑思齐等（2013）；许玲燕等（2017）；崔恺媛（2017）；王云等（2017）；曹裕和刘子豪（2017）；等等

资料来源：笔者整理得到。

在本书中，环境规制是指通过行政命令和市场激励来限制或调整微观经济主体的经济活动以及个人和社会团体在环境保护方面的权利和义务，以减少环境污染的负外部性，从而实现环境保护和经济发展的目标。从主体来看，主要是政府部门、事业单位、行业协会等；从对象来看，主要是企业和消费者；从目标来看，主要是减轻环境污染。

二 产业转移

随着工业改革的不断深化，企业的生产能力越来越强、社会分工也越发清晰，因此在全球的经济发展过程中产业转移的现象越来越普遍。尤其是随着全球化的发展，国际贸易组织得到了完善，进一步推动了产业转移。在此期间，产业转移实现了全面发展，如规模、水平等。同时，学术界对产业转移进行了大量的理论研究。"产业"是在社会生产力不断增长的情况下，社会分工的产物，泛指在生产或供应产品、服务等方面存在一定相似性的企业和团体。产业转移也可以被称为产业转换，意思是将产业从一个地方迁移到另一个地方。所以，就"产业转移"的字面意思来看，产业转移涉及的企业或机构在时间和空间上存在一定的相似性。本书将从以下三个层面来对产业转移的内涵进行界定。

第一，在产业转移的动机层面，过去的研究大多认为比较优势是促进产业转移的关键因素，绝大多数学者对此观点予以认可。产业转移理论起源于古典区位理论和新经济地理学理论，由多位经济学家逐步完善，李嘉图提出了基于区域比较优势的地租理论；杜能对产业转移进行了研究，提出了区域分工理论；刘易斯从劳动密集型产业的维度研究产业转移，认为劳动力成本差异是产业转移的主要动机；小岛清在研究产业转移时，提出了边际比较优势理论，认为比较优势为产业转移提供了必要条件。目前，学术界对产业转移的动机持以下三种观点。首先是利润驱动理论。王先庆（1997）认为，不同地区产业主体之间存在的利润差异，促进了不同产业向利润最大化的地区转移。陈建军（2002）指出，中国区域间产业转移的主要动力是对市场扩张、产业结构调整等方面的需求。魏后凯（2003）、徐向红等（2004）、刘力和林志玲（2008）、彭志胜（2014）等在研究产业转移时，也得出了上述的观点。其次是区域要素禀赋驱动理论。戴宏伟和王云平（2008）在研究产业转移时，发现不同区域在资源、劳动力等方面都存在差异，从而引发了区域产业转移。最后是区域制度驱动理论。魏建萍（2007）认为我国政府政策对外商直接投资有重要的影响，外资政策、政策透明度、优惠政策是跨国公司开展外商直接投资时首先考虑的因素。

第二，在产业转移的研究范围层面，现阶段学术界对产业转移的定义还没有形成共识。一部分学者从区位层面的选择变化入手分析产业转移，魏后凯（2003）认为，产业转移本质上是企业在区位层面的重新选择；吴晓军和赵海东（2004）、刘力和林志玲（2008）、彭志胜（2014）等在研究产业转移时，认为可以从政府的视角对企业的区位选择进行分析。还有一部分学者从产业结构入手分析产业转移，胡俊文（2004）、刘英基（2012）、张辽（2013）等认为，在开展研究时可以充分考虑企业的空间变化。陈刚和刘珊珊（2006）在上述两个观点的基础上，认为产业转移有狭义和广义两种理解：狭义的产业转移主要是指企业的产业并非全部发生转移，只有部分或生产能力在空间上进行了迁移；广义的产业转移主要是指在比较优势的作用下企业的产业结构进行了重组。

第三，在产业转移的作用层面，现阶段，学术界已经取得了较多成果，研究的方向也比较多元。在过去的研究中大多是基于转出地区和转入地区进行分析，从而总结出产业转移的有效性。马子红和胡洪斌（2009）、华克思（2017）认为，产业转移可以通过目的地产业链的前后关联带动区域经济整体发展。魏后凯（2003）认为，产业转移会对企业的竞争力产生影响，同时就业机会也会减少。综上所述，我国学者对产业转移相关概念的界定如表 2-2 所示。

表 2-2　我国学者对产业转移相关概念的界定

学者	概念界定	核心思想
王先庆（1997）	产业转移是一个地区主导产业的变化过程，既包括主导产业的扩张，还包括传统产业的剔除	对企业而言是引进新产业、淘汰旧产业的过程
陈红儿（2002）	产业转移是在区域比较优势的作用下所产生的，采用跨区域投资，在落后地区设立新企业，表现为区域间的产业转移	以企业为主导，实现跨区域投资
陈建军（2002）	产业转移是企业的产业从时间和空间两个层面发生迁移的过程，如跨区域投资、跨区域贸易	产业转移是从时间和空间两个层面来进行的；区域产业转移主要包含跨区域投资和跨区域贸易两个内容
魏后凯（2003）	从本质上而言，产业转移是指企业生产空间发生迁移，即企业对产业结构进行优化的行为	企业改变产业结构的行为称为产业转移
王忠平和王怀宇（2007）	产业转移是在区域比较优势的基础上发生的，驱动因素主要有区域经济发展、资源、政策	区域产业分布受区域比较优势的影响
马子红和胡洪斌（2009）	产业转移是指区域间资源、需求等方面的不同，使企业的经济活动在时间和空间上发生变化的过程	区域间供求差异的经济效应具有复杂性和长期性，是产业转移的主要驱动力

续表

学者	概念界定	核心思想
王欣亮 （2015）	产业转移是指在区域比较优势的驱动下，产业生产规模发生变化的过程	产业转移具有时间和空间两个维度的综合效应
华克思 （2017）	产业转移是指一个国家或地区为了促进当地经济发展，由于要素、环境、供求等方面的变化而将其产业转移到其他国家或地区的现象	产业转移和产业承接本质上是一种行为的两个方面，是区域产业结构调整的结果

在本书中，产业转移是指在区域比较优势的驱动下，产业生产规模发生变化的过程，具有时间和空间的综合效应。从驱动因素来看，区域间产业生产成本和交易成本的比较优势是产业转移的直接驱动力，包括区域要素价格差异和区域制度差异。从研究范围来看，既包括以企业迁移为代表的显性产业转移，也包括以产业生产规模变化为特征的隐性产业转移。从效应上来看，产业转移不仅在空间上对不同地区有不同的效应，在时间上也对不同地区有短期和长期的效应。

三　区域协调发展

现阶段，学术界关于区域协调发展的研究成果较为丰富，但是分析区域协调发展内涵的并不多。看待区域协调发展的视角不同，使得我国学者对区域协调发展概念的界定也存在差异（见表2-3）。

表 2-3　我国学者对区域协调发展概念的界定

学者	概念界定	主要特征
杨保军 （2004）	实现区域协调发展须具备几个要素：顺应区域发展的市场法则；适应区域经济互动发展的要求；有效的区域间合作机制；等等	顺应市场法则；满足发展条件；建立合作机制；全方面协调

续表

学者	概念界定	主要特征
陈秀山和刘红（2006）	推动区域协调发展，一方面要使社会经济保持稳定发展的状态，另一方面要让不同地区的经济发展水平都得到提高，将每个地区的经济发展的差异性最小化；其最终目的是使不同地区的经济实现同步发展	将不同区域间的经济增长水平的差距最小化，实现同步发展
杜鹰（2008）	区域协调发展包含以下几方面：将不同区域的经济发展差距逐渐缩小；将区域比较优势价值最大化；区域间互利共赢；以人与自然和谐共处为基本前提	发展差距缩小；发挥比较优势；良好的区域间合作；人与自然和谐相处
徐康宁（2014）	区域协调发展的总体目标是：地区间收入差距可控、地区间公共福利居民消费水平趋同、区域间生产要素合理流动、区域间的市场机制和合作机制充分显现	协调发展利益；实现互利协调；与自然协调
于源和黄征学（2016）	促进区域协调发展，重点是要素有序自由流动、主体功能有效约束、基本公共服务均等化、资源环境可持续性，努力缩小地区间差距，让全体社会成员共享改革发展成果	区域之间的差距保持在中等范围内，要素可以在区域之间自由流动
庞玉萍和陈玉杰（2018）	区域协调发展是指区域间（非区域内）的协调发展，各地区充分发挥各自的比较优势，合理分工，在空间上实现"适度的产业集聚和高度的区域专业化"	区域间经济联系紧密，要素流通顺畅，基本公共服务均等化
刘强和徐生霞（2021）	区域协调发展是指在各区域开放条件下，区域间经济联系日益密切，资源自由流动，市场经济导向的技术实现合作，居民基本公共服务条件满足要求，经济发展和生态环境、创新能力、公共服务4个维度的区域差距逐渐缩小的过程	区域经济产出与消费水平的差距应得到遏制，居民公共服务水平应基本接近

关于区域协调发展的研究，主要聚焦以下几个问题。

一是区域协调发展的目的是实现区域间的均衡发展，还是实现保持一定差距的区域间不均衡发展。"协调"一词的本义是"和谐、均衡",区域协调发展是在区域经济发展差距较大的背景下提出的。因此,区域协调发展很容易被理解为区域均衡发展。学者们对区域协调发展有不同的定义,从这些定义可以看出区域协调发展概念的演变过程。本书认为,区域协调发展和区域均衡发展是两个不同的概念,区域协调发展指的是区域间会存在发展差距,但是差距会不断地缩小。

二是区域协调发展注重缩小区域间差距,但是发展目标仍然是实现区域整体发展。许多学者都对区域发展提出了自己的看法,他们认为应该将区域整体发展作为发展目标,同时也需要使区域间的发展差距保持平衡,将差距控制在可控范围内。此外,在区域发展层面,学者们也针对公平和效率之间的关系提出了自己的看法。程必定(2007)、覃成林和姜文仙(2011)认为公平和效率的概念不同,不应该在同一层面上加以考虑。在区域协调发展问题上,发展对于区域来说是首要目标,而协调就是为了实现区域科学发展,促进区域长久发展。因此,本书认为区域发展的目标应该是实现区域整体发展,在发展中必须着重关注效率和公平的平衡。

三是区域协调发展是追求状态协调还是过程协调,还是两者兼而有之。本书研究的核心在于从什么角度观察问题。如果从动态角度看待区域协调发展,协调便存在于整个经济发展的连续过程中;如果从静态角度来看,协调就是区域发展的相关数据比较。然而,区域协调发展一般都是动态与静态相结合的,既有过程又有状态。

总的来看,区域协调发展相关研究包含四个特点:一是从注重经济总量目标平衡转向注重区域经济关系平衡；二是从注重目标层次的均衡发展转向注重发展过程的均衡发展；三是在区域整体稳定发展的前提下，从注重缩小区域间发展差距转为调整区域间和区域内经济发展关系；四是从静态的比较分析到动态发展研究。

本书认为，区域协调发展应包括区域间空间层次上的横向协调发展和区域内时间层次上的纵向协调发展。一方面，从横向协调发展来看，其目标是将区域差异保持在社会可接受的范围内并呈现逐渐收敛趋势，以保持区域整体发展，从而充分利用区域要素禀赋和发展动力，促进区域经济水平的提高。具体来说，有两个发展目标：一是区域间的经济发展水平的协调，即经济总量的趋同或发展差距的缩小；二是区域间经济发展关系的协调，即通过区域间生产要素的互补性，或市场上优势产业的互补性，实现区域间的优势互补和产业合作，促进区域整体发展。另一方面，从纵向协调发展来看，其目标是保持区域的稳定发展，这就需要按照合理的比较优势形成区域产业体系和产业分工，既要避免为了实现短期经济总量增长而限制生产要素自由流动的行为，又要避免落入基于区域比较优势静态标准的比较优势陷阱。具体来说，有三个发展目标：一是利用本区域在自然资源、技术水平、区位条件等方面的比较优势，形成区域产业体系和产业分工；二是区域产业能够充分利用最新科技，提升区域经济增长质量，具有追赶和可持续发展的能力；三是区域产业体系和产业分工是可持续的。

第二节　环境规制影响产业转移的机制分析

一　环境规制影响产业转移的机制分析

一般来说，环境规制会增加企业的环境治理成本，一些企业会选择将污染密集型企业向环境规制力度较弱的地区迁移（傅帅雄等，2011）；然而，还有一些企业选择加大对环保设备的投入力度，以满足环境规制的要求，而不是产业转移，反而提升了区域的产业竞争力（黄德春和刘志彪，2006）；企业的选择是环境治理成本与创新效应相互作用的综合结果（侯一明，2016）。环境规制影响企业生产要素进而导致产业梯度转移的分析思路如图2-1所示。

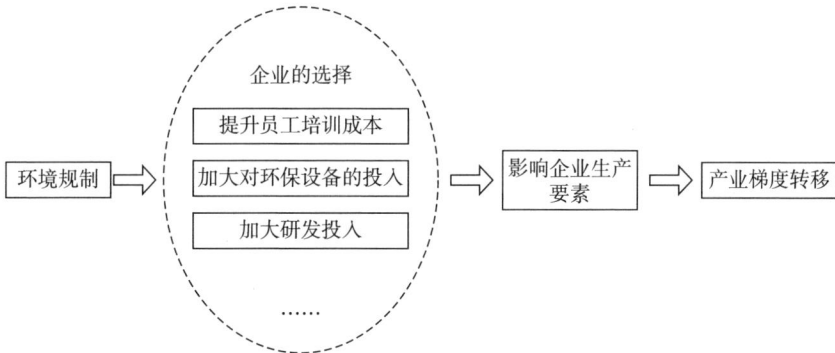

图 2-1　环境规制影响企业生产要素进而导致产业梯度
转移的分析思路

环境规制与工业污染强度密切相关。环境规制能够促使企业减少污染和违规行为，会在一定程度上削弱或强化某些行业的竞争力，从而影响区域间的产业结构。环境规制强度与产业特征的相互作用决定了产业的区位选择。一般来说，环境污染越严重，该地区的生态结构越脆弱，环境调控体系越强。基于区域比较优势，环境规制较强的地区会使生产同类产品的污染企业失去市场竞争力，污染企业可以将污染产业转移到环境规制较弱的地区，企业还可以通过技术创新，提高节能减排和污染治理的能力，就地转型，以满足当前的绿色发展需求。也就是说，环境规制强度的提升会促使企业转移污染产业或实现工业清洁，从而影响了区域间的产业结构。环境规制通过什么样的机制发挥作用，如何影响企业的区位选择和产业的转移方向，是本部分的核心内容，可以从准入门槛、要素调整成本、投资方向和结构三个方面阐述环境规制对企业区位选择和产业转移方向的影响机制。

第一，准入门槛。准入门槛是企业在某一行业的经济活动中所需要承担的成本。环境规制会根据企业生产和污染程度的高低，形成差异化壁垒。环境规制强度的不断提高，一是对现有污染企业提出了技术改进、污染减排和环境治理等新要求，增加了污染企业的生存成本；二是对新的或潜在的污染企业形成了更高的准入门槛，主要包括减排技术门槛和获得排污许可证。一方面，环境规制的减排技术门槛表现为污染企业环境治理标准的制定与实施、减排技术的强制更新、生产设备的强制调整。例如，环评报告是否获批是企业能否继续生产的重要影响因素，这些调整均会内化形成企业的生产成本，此外，技术距离的存在也阻碍了污染企业的绿色发展。另一方面，排污许可证的发放实质上是对污染企业进行的一系列限制，在限制了污染企业的污染物排放量、排放强度的同时也设置了专门的减排目标。之所以设置排污许可证，就是希望企业生产过程中产生的各种污染物能够得到有效监督和控制，污染物排放量过高的企业是无法获得排污许可证的。因此，实施环境规制不仅会对污染产业的区域分布产生影响，还会影响污染产业的内部分配，促使区域产业结构得到优化。

第二，要素调整成本。产业转移实质上是产业要素转移和聚集的过程，体现为产业要素从高生产成本地区向低生产成本地区转移。环境规制背景下企业污染物排放的动态演化，特别是绿色创新和生产过程的演化和变革，本质上就是产业要素投入结构的动态演化过程。如今我国对环境的监管日益严格，企业为了符合规定，会将重点放在清洁生产与节能减排上，选择从源头控制污染物的排放，确保整个生产过程的绿色环保。在污染物分类细化、生产要素和产品重组、生产流程和工艺改进等环境法规的约束下，企业承担了要素调整成本，即使在企业的能力范围内，其收益也无法弥补企业短期的转型成本，或者要素调整成本无法得到充分补偿，因此企业失去了要素调整的动力和意愿。在这种情况下，为了实现社会福利最大化，政府试图通过严格的环境规制来促使企业实施绿色创新，提出引入新的监测、环境评估和污染物排放要求，这增加了企业的违规成本，使得企业必须进行要素调整，从而保证自身的竞争优势和收益。在综合考量成本和效益的情况下，污染企业可能会选择兼并重组、退出市场或迁往环保力度较弱的地区。

第三，投资方向和结构。提出环境规制的目的是提高社会福利，推动社会福利最大化。一方面，人们意识到部分企业只顾提高经济效益而忽视了其对空气、环境造成的污染；另一方面，政府对气候变暖和空气污染等问题越来越重视，政府意识到需要采取强制性措施约束社会主体的行为，寻找最佳的生态环境治理切入点。人们环保意识的增强和政府行为的转变对企业产生了较大的影响。绿色发展已经成为企业的发展方向。由于正式的环境规制针对污染物排放作出了限制，污染企业加大投资势必会增加污染物排放，因此污染企业相关领域的投资不断减少。环境信息披露是企业践行社会责任的机制，对企业绿色发展有着重要的影响，同时也是我国金融和财务部门制定决策需要参考的依据。周于靖和罗韵轩（2017）对重污染行业 A 股上市公司进行了数据调查，考察了信息披露、绿色信誉等对企业投资融资结构、信用能力等方面的影响，研究发现，绿色声誉会加强企业的融资能力，延长融资期限，完善企业投资结构。

环境规制可以通过准入门槛、要素调整成本、投资方向和结构等三个方面直接影响企业的行为选择，增加企业生产成本，或是提高企业技术能力，具有成本增加效应与创新补偿效应。环境规制影响产业转移的理论机制如图 2-2 所示。

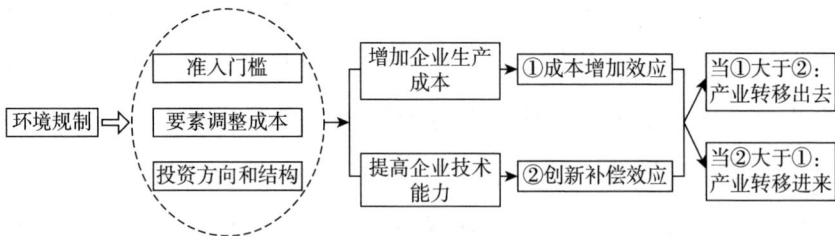

图 2-2 环境规制影响产业转移的理论机制

当成本增加效应大于创新补偿效应时，企业会考虑将产业转移出去，这些企业多属于化工原料、化工产品制造、制药、金属冶炼等污染比较密集的行业，环境治理成本的增加将会影响企业的生产，企业很难通过创新去获取补偿，因此只能够选择迁出。

此外，环境规制对污染密集型企业造成的影响在我国不同地区实际上存在巨大的差异。东部地区经济发展比较快，区域环境规制强度高，更容易导致区域产业转移。当成本增加效应小于创新补偿效应时，技术创新的效益会吸引一些产业转移到该地区，这些产业大多是通信设备、计算机等清洁生产导向型产业，环境污染较少，相对容易利用技术改造的方式达到环境规制要求。因此，在环境规制的作用下，创新补偿效应可能会显著提升，产业也会产生转移。由此，可以提出本书的第一个命题。

命题一：环境规制通过"成本增加效应"和"创新补偿效应"，可以有效推进产业的区域间转移。

二　案例分析——环境规制对建筑业发展的影响路径和机制

从现有的研究来看，在环境规制与产业发展之间的关系方面，学者们还存在较大的争议。Porter 和 Linde（1995）认为，环境规制虽然会在短期内使企业经营成本上升，但是在长期内会促使企业加大投入力度，推动环保技术创新，从而有效降低环境治理成本，实现产业的发展和环境的保护。陈佳佳（2017）发现，环境规制对建筑业的转型升级意义重大。但是韩纪琴和夏梦（2018）则认为，环境规制加大了企业的日常经营支出，增加了企业的负担，不利于企业经营绩效的提高。白雪洁和曾津（2019）也发现，环境规制对于产业生产力的提升具有负面影响。此外，还有学者发现，环境规制与产业发展之间的关系是不确定的，比如对墨西哥而言，环境规制对提高企业生产率具有积极影响，但是对美国而言，环境规制不利于企业生产率的提高。还有学者认为，环境规制对建筑业或其他产业的长期发展具有正面作用，但是对于短期发展则具有负面作用。

（一）环境规制影响建筑业发展的路径分析

环境规制作为一种外生的制度安排，对建筑业发展的影响主要体现在规制成本和规制收益两个方面，而建筑业的发展可以通过建筑业增加值来进行衡量。当规制成本大于规制收益时，建筑业的发展会受到抑制，其增加值的增速就会减慢；相反，如果规制成本小于规制收益，那么环境规制就有利于建筑业的发展，其增加值会呈现加速增长趋势。因此，我们可以通过建筑业增加值增速的变化来对环境规制影响建筑业发展的路径做出初步分析。

本书计算了2003~2018年我国建筑业增加值的变动趋势，发现建筑业增加值在这期间的增速呈现显著的"U"形变化趋势；而该趋势的拐点发生在2013年。回顾历史，我们可以发现，党的十八大是在2012年底召开的，也正是在这次会议上，生态文明建设被提到国家战略的位置，环境规制的强度开始显著提升。于是，2013年，建筑业增加值的增速开始出现下降，2013年之前，建筑业增加值的增速一直稳定在20%上下，2013年之后建筑业增加值增速持续下滑到5%左右，2015年，建筑业增加值的增速又开始提升，2018年，其增速已经接近10%。从中我们可以发现，环境规制对建筑业发展的影响路径呈现显著的"U"形特征，即先抑制再促进。

这就意味着，环境规制对建筑业发展的影响是非线性的。在环境规制初期，规制成本大于规制收益，环境规制不利于建筑业的发展，而随着环境规制的进一步实施，在政府和企业的共同努力下，规制收益开始大于规制成本，环境规制开始促进建筑业的发展。由此可见，在环境规制实施的不同阶段，环境规制对建筑业发展的影响是不同的,这也是不同学者采用不同样本得出的结论存在显著差异的原因。因此,我们只要能够从规制成本和规制收益两个角度分析环境规制对建筑业发展的影响机制,就可以从降低规制成本和提高规制收益两个方面提出具体对策从而促进建筑业的持续发展。

(二) 环境规制影响建筑业发展的成本增加机制

环境规制会增加建筑企业的规制成本,短期内不利于建筑业的整体可持续发展,这种成本增加主要是通过以下三种机制来实现的。

首先是直接的税费机制。无论是之前的排污费还是现在的环保税,都是对建筑企业环境污染行为进行的经济惩罚,通过增加企业的规制成本而减少由此产生的负外部性。建筑企业在生产过程中会产生大量的废水、固体废弃物和噪声污染。根据相关统计,每一万平方米建筑物的施工会产生 500~600 吨的建筑垃圾,而一旦建筑物被拆除,便会产生更多的建筑垃圾。这些建筑垃圾在环境规制下都会成为环保税费的征收对象。因此,在短期内缺乏有效建筑垃圾处理手段的前提下,建筑企业只能通过减少生产的方式来应对由此产生的税费负担,这无疑会阻碍建筑业的整体发展。

其次是资源投入机制。环境规制对建筑企业的污染治理提出了更高的要求,因此,建筑企业要在短期内达到这些要求,就必须投入大量的资金用于污染治理设备的购买或者更新。同时,企业还需要雇佣更多的专业污染治理技术人员以及投入更多的资金和精力用于污染治理。更重要的是,随着环境规制力度的提高,不仅建筑企业会受到影响,建筑企业的上游企业也会受到影响。

此外，短期内建筑企业能够投入的资源是有限的，当大量的资源被用于污染治理时，用于其他方面的资源就会受到限制，这不利于建筑业的整体发展。

最后是产业组织机制。环境规制会导致相关行业的产业组织结构发生重大变化，使得建筑企业的生产成本提高。具体来说，一方面，由于环境规制和污染治理的需要，建筑企业的生产过程对施工工人的技术有了更高的要求，这会在一定程度上造成"技术工人荒"，从而增加建筑企业的生产成本。另一方面，环境规制对建筑企业的资质提出了较高的要求，因此规模较大的建筑企业为了达到资质要求就会兼并那些专业但规模较小的建筑企业，这不利于建筑业的可持续发展。此外，建筑企业生产成本的提高会传导至下游的产品市场，导致下游产品价格的提升，不利于满足下游的需求。

综上，环境规制主要通过直接的税费机制、资源投入机制和产业组织机制来影响建筑企业的规制成本，从而对建筑业的短期发展产生不利影响。

（三）环境规制影响建筑企业的收益提升机制

环境规制会在长期内提升建筑企业的规制收益，从而促进建筑业整体的绿色可持续发展，这种收益提升主要是通过以下三种机制来实现的。

首先是直接的补贴机制。环境污染具有较大的负外部性，而环境保护和污染治理则具有较大的正外部性，因此环境规制部门在通过征收税费的方式对排放污染物的建筑企业进行惩罚的同时，也会通过财税补贴的方式对保护环境和治理污染的建筑企业进行激励。同时，政府会对建筑企业的绿色研发提供资金支持或者资金援助，推动相关的绿色技术创新，从而提高建筑企业的绿色研发能力。实际上，在环境规制的激励下，建筑业出现大量的绿色技术，由此形成了绿色施工和装配式建筑。绿色施工是在项目的整个设计建设过程中，尽可能地少用水、少用电、少用地和少用材，从而实现建筑施工与周围环境的和谐共生；装配式建筑是指在工厂生产建筑构件，然后运输至施工地直接进行装配组合，这是建筑业由湿法作业向干法作业转变的成功实践，对推动建筑业的绿色发展具有重要意义。

其次是投入结构转变机制。随着环境规制的不断强化，建筑企业的投入成本不断增加。在这种情况下，建筑企业必须通过转变投入结构来缓解相关的成本压力。具体来说，一方面，虽然环境规制使得建筑施工对工人的要求越来越高，但是随着建筑业绿色技术的发展，尤其是装配式建筑的兴起，生产效率也会得到提升。另一方面，随着建筑企业绿色技术的不断创新，新材料、新能源会进入生产环节，降低建筑业对传统材料和能源的依赖性，从而缓解传统材料和能源价格上升所带来的成本压力。随着建筑企业对环境规制的适应，其会有更多的资金和精力投入绿色研发，从而促进建筑业整体的绿色可持续发展。

最后是需求引导机制。从理论上来说，在严格的环境规制下，建筑企业生产的绿色建筑产品由较高的成本导致的较高价格会使其需求在短期内受到一定影响，从而不利于建筑企业收益的增加。但是在实际经济运行中，一方面，在环境规制初期，政府会通过多种方式来帮助建筑企业消化其绿色建筑产品，比如增加政府购买、加大绿色产品的推广力度、为消费者的购买行为提供补贴或者优惠贷款等；另一方面，随着居民保护环境意识的逐渐增强，居民对绿色建筑产品的需求也会逐渐增加。因此，在环境规制力度保持不变的情况下，传统的建筑产品由于其高额的税费和投入成本而逐渐被市场淘汰，新兴的绿色建筑产品则由于政府的补贴和新材料的应用越来越具有吸引力，这种产品之间的替代关系会对消费者的消费产生重要的引导作用，能够促进绿色建筑企业收益的提升和建筑业整体的可持续发展。

综上，环境规制主要通过直接的补贴机制、投入结构转变机制和需求引导机制来影响建筑企业的规制收益，从而对建筑业的长期发展产生积极影响。

（四）小结与对策建议

本部分对环境规制影响建筑业发展的路径和机制进行了系统分析。研究发现，一方面，环境规制通过直接的税费机制、资源投入机制和产业组织机制对建筑企业的规制成本施加影响，从而对建筑业的短期发展产生不利影响；另一方面，环境规制通过直接的补贴机制、投入结构转变机制和需求引导机制来影响建筑企业的规制收益，从而对建筑业的长期发展产生积极影响。更重要的是，在环境规制初期，规制成本大于规制收益，而随着环境规制的进一步实施，规制收益开始大于规制成本，因此环境规制对建筑业发展的影响路径和机制呈现显著的"U"形特征。

基于上文的分析，为了更好地发挥环境规制对建筑业发展的积极作用，我们应该采取以下对策。首先，加大对环境污染行为的惩罚力度，同时对建筑企业的环境治理和绿色研发进行补贴，以促进更多绿色技术的出现和发展。其次，政府应该加大对绿色建筑产品的推广力度，并通过政府购买和消费补贴的方式为绿色建筑企业提供更广阔的消费市场以提高相关企业的收益。最后，加大对新能源研发的投入力度，通过基础性研发来加快建筑企业应用型研发的推进速度，从而真正实现建筑业整体的绿色可持续发展。

第三节　产业转移影响区域协调发展的机制分析

根据上述分析，区域协调发展可分为两个方面，一方面是横向发展，区域间经济发展差距不断缩小；另一方面是纵向发展，区域内经济发展质量不断提升。本节研究的产业转移，是在区域比较优势的驱动下，产业生产规模发生变化的过程，能够产生时间和空间层面的综合效应。在驱动因素方面，产业转移的直接驱动力是生产成本和交易成本方面的区域比较优势，从市场层次来说是要素价格之间的差异和制度之间的差异。在研究范围方面，产业转移既有显性的，也有隐性的，显性产业转移的典型特征是企业转移，隐性产业转移的典型特征是企业的生产规模发生变化。同时，产业转移在空间上会对转入地区和转出地区产生不同的影响，在时间上会对不同地区产生短期效应和长期效应。在上述界定的基础上，本书将在空间层面分别考察产业转移的转入地区和转出地区，在时间层面分别考察产业转移的短期效应与长期效应，以构建产业转移影响区域协调发展关系的分析框架。

一　对转入地区产生的短期和长期效应分析

近年来，在关于产业转移的研究中，效应一直是研究者的关注重点。在以往的研究成果中，很多从正负效应的角度进行分析，从而提出支持或反驳产业转移的相关观点。本书从时间和空间的角度出发，对产业转移对转入地区和转出地区的影响进行了短期和长期的分析。对转入地区产生的短期效应主要有三个，第一个是经济总量的提升，第二个是技术外溢，第三个是产业集聚；对转入地区产生的长期效应主要有四个，第一个是竞争引致，第二个是制度优化，第三个是低端价值锁定，第四个是资源阻碍。

（一）对转入地区产生的短期效应

第一个效应是经济总量的提升。在产业转移的过程中，提升经济总量是一个重要的目标，也是不可缺少的驱动源。转入地区在自然因素、劳动力等内生变量和外部因素上具有比较优势，这些内生变量和外部因素对区域间的分工和贸易起着决定性作用。但是在经济运行的具体过程中，比较优势需要进行转化才能适用于经济发展，转化的过程中一般以产业作为中介。在选择转入地区时，需要以地区具备比较优势作为前提，一方面是利用好这些优势，提高已有资源配置的效率，提升经济发展速率；另一方面是在转移的过程中可以利用产业链延伸效应促进区域经济发展。

第二个效应是技术外溢。根据新经济增长理论，在经济增长的过程中存在一个内在变量，即技术的发展进步。产业转移通常是按照一定梯度进行的，从比较发达的地区转到相对欠发达的地区。在进行产业转移的过程中，转入地区会产生技术外溢。首先，从地区角度看，产业转移把发达地区先进的技术带到欠发达地区，欠发达地区模仿这些技术，并形成自己的区域优势，从而促进本地区经济的发展。其次，对企业来说，产业转入的同时带来了先进的经营模式和发展理念等，更有利于企业实现长期发展。最后，从产业链的促进作用来看，产业转入促进了地区整体技术水平的提高，从而使技术外溢的范围更加广泛。

第三个效应是产业集聚。形成产业集聚效应的原因有两个。一个是政府主导，在区域比较优势的基础上，政府为了吸引相关产业转向该地区形成产业集群，会制定相应的产业发展规划，支持特定产业的发展，比如建立一个特定主题的工业园区，在硬件方面有利于形成产业集聚效应。另一个是企业自身推动，在产业转移的过程中，经济总量的提升效应和技术外溢效应会吸引产业链上游和下游的企业，在交易的过程中能够降低成本，从而在转入地区产生集聚效应。另外，转入地区会受到以下几个影响，第一个是前向驱动的影响，从发达地区转移来的比较先进的技术、较多的资本等，能够更好地促进本地区的生产，减少成本，扩大生产规模。第二个是后向驱动的影响，加大转入地区特定产业生产要素的投入，相关产业能够得到更好发展。第三个是侧向驱动的影响，这些企业的发展，将会促进本地区相关行业的发展，提高转入地区整体的经济水平。

（二）对转入地区产生的长期效应

第一个效应是竞争引致，主要表现在地区和产业两个层面。在地区层面，产业转移可以转化为地区资源禀赋，形成先进技术与资本相结合的比较优势，通过产业集聚的短期效应形成前向、后向、侧向的驱动效应，从而提高资源配置效率，在利用资源因素的过程中，充分利用竞争效应，促进转入地区整体的经济发展。在产业层面，企业在产业转移的过程中能够学习到先进的经营模式和管理理念，改变企业原本存在的一些问题。另外，产业转入之后竞争更加激烈，本土企业必须提升自身的竞争力。根据以上分析，竞争引致效应会提高资源配置效率、提高转入地区本土企业的竞争力，从而提高区域经济发展的整体水平。

第二个效应是制度优化，主要体现在两个方面。一方面是制度维度，会促进产业转移，有效促进转入地区的产业发展；另一方面是非正式制度维度，除经济发展和先进技术的影响外，非正式制度能够增强转入地区企业的创新意识、创新能力等，在经济发展的过程中，这些因素也非常重要。

第三个效应是低端价值锁定，主要体现在以下两个方面。一方面是产业分工，以往一般是把具有较低价值的产业进行转移，短期内可以促进转入地区的经济发展，但从长期来看，为了稳定提升效益，相关企业越来越重视核心技术。在这种情况下，除非政府进行干预，否则转入地区将在很长一段时间内位于产业链末端。另一方面是资源影响，通常情况下转入地区的资源较多而且价格较低，所以一些投入较高或者污染严重的产业会转移到这些地区，但是因为没有重视环境保护和制定长期发展规划，容易产生环境污染和资源浪费的问题。因此，对转入地区来说，政府必须制定长期的发展规划，避免产生其他问题。

第四个效应是资源阻碍，具体是指一个地区本来拥有较多的资源，但是在产业发展的过程中没有利用好资源，产生了恶性循环，经济发展变得落后。对于转入地区来说，资源要素的比较优势是产业转移过程中经济发展的原始驱动力。若转入地区一直从事一些较低价值的生产活动，那么它获得的资源要素的价值也会较低，经济也无法实现长期的发展。根据这种情况，必须动态判断转入地区在发展的角度上是否具有比较优势。随着区域经济的发展、人民生活水平的提高和区域生产要素的变化，市场的需求和供给会持续变化，地方政府需要在规划中及时对区域主导产业进行引导，避免出现资源阻碍效应，保证区域经济的健康发展。

二　对转出地区产生的短期和长期效应分析

产业转移在初期，对转出地区可能会产生一些不利的短期效应，比如经济发展速度下降、产业空心化、失业等，但是一段时间之后会对转出地区产生有利的长期效应，比如资源使用效率的提高、技术创新、产业结构的优化、竞争力的提高等。

（一）对转出地区产生的短期效应

第一个效应是经济发展速度下降。在产业转移的过程中，一方面一些曾经具有优势的产业可能会被转移出去，转出地区的经济发展速度会受到一定的影响；另一方面在原有产业已经转移出去的情况下，新的优势产业可能尚未形成，此时转出地区的经济不能持续发展。

第二个效应是产业空心化。具体是指随着投资渠道的多元化发展，如外商投资会使很多产业向其他地区进行转移，这种转移会直接导致本地产业减少。通过调查研究，学者们提出我国传统经济发展体系的核心是制造业，当产业向其他地区进行转移时，一方面涉及生产要素或资本等因素，另一方面会造成本地区物质生产和非物质生产间的不平衡。但是产业空心化的影响不是一定的，在较短时间内，只有转移速度以及转移的规模并不科学，才会对这个区域的经济发展产生负面影响。

第三个效应是失业。向外转移的产业很多是劳动密集型的，因为产业向外转移，很多原有岗位的员工会失去工作机会。另外，因为产业结构的优化，本地区需要更多的知识型人才，对人员的要求越来越高。但是，失业效应也只存在于短期内，一方面，大部分转出地区的产业在劳动力水平上没有自身的比较优势，以往能够得到发展是因为外部因素吸引产生集聚，但是产业转移之后，劳动力等其他生产要素也会进行转移。一段时间之后，因为要满足产业转入地区新的劳动力需求，劳动者具有内生的自发动力去提高自身的能力。另一方面，政府以及其他社会力量会为劳动者提供学习和提高自我能力的机会。在以上两方面因素的影响下，转入地区的就业结构以及劳动力素质会得到改善和提高。

（二）对转出地区产生的长期效应

第一个效应是资源使用效率的提高。因为比较优势在不断改变，当原有比较优势消失时，原来产业的发展优势和发展潜力将不复存在。所以为了本地区的持续发展，可以把这部分产业向外转移，引进具有比较优势的新兴产业。在产业转移的过程中，对转出地区来说，原有的产业转移释放了大量的生产资源和要素，这些生产资源和要素可以更有效地提供给新的产业。一方面，新的产业有了更大的发展空间；另一方面，本地区的经济会有较大可能实现稳定发展。

第二个效应是技术创新。在产业转移的过程中，产业转出地区经济发展加快，要素使用的相关成本提升。在这种情况下，原地区的相关产业会面临更大的市场考验。当一个产业在一个区域内没有竞争优势后，企业就会把这个产业转移到其他地区，原有的资源要素则会被转移到本地区的其他产业中。此时，如果能够通过技术创新继续保持优势，本产业的技术水平会得到较快提升。向外转移的产业通常具有两个特点，第一个是需要投入的要素比较多，第二个是已经失去了原有的比较优势。但是转出地区的新兴产业通常具有技术研发方面的优势。因为该地区的能源、土地等有限，新兴产业能够有更好的发展机会，从而进一步提高科技水平。

第三个效应是产业结构的优化。一个地区产业转移的一般规律是将本地区没有比较优势的一些产业转移到其他仍然具有比较优势的地区，从而给本地区新兴产业提供更多的发展机会和发展资源（叶琪，2014）。发展新兴产业一方面能够优化原有的产业结构，另一方面能够优化产业链的分工。根据国外已有的研究结果，在20世纪70年代后的四次国际产业转移浪潮中，产业转移的对象从劳动密集型、资本密集型转变为知识和技术密集型（潘悦，2006）。转出地区的产业结构得到了优化，劳动密集型和资本密集型的企业占比逐渐下降，越来越多的企业成为知识和技术密集型。另外，产业结构的优化还体现为企业越来越重视科学技术研发，研发支出所占比重越来越大（孙浩进，2011）。

第四个效应是竞争力的提高。在转出地区的要素成本增加以及竞争越来越激烈的情况下，企业必须进行转型，将生产的部分环节或者全部环节进行转移，从而提升自身的竞争能力。在企业竞争力提升的同时，整个区域的竞争力都会得到提升。另外，对转出地区来说，在进行产业转移时，一方面要提升生产要素的使用率，另一方面要提高劳动者的能力。因此，产业转移能够提升该地区的产业技术水平和优化该地区的产业结构。

以上四个效应在产业转移的过程中共同发挥作用，经过一段时间之后，能够提升转出地区的整体竞争力。

三 产业转移推动区域协调发展的实现机理

综合上述效应，转出地区处在经济发展的转换阶段，经过一段时间之后,产业转移会对该地区产生一定的有利影响,从而提升其整体竞争力,使其实现经济的长期稳定发展。根据研究的问题,结合在时空层次上区域协调发展的要求,产业转移影响区域协调发展的理论机制如图2-3所示。

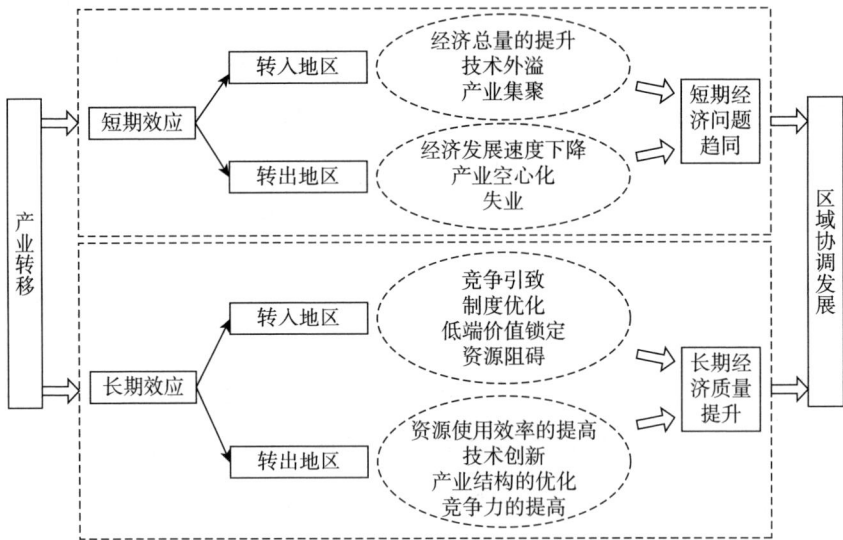

图 2-3 产业转移影响区域协调发展的理论机制

第一,产业转移是解决地区间经济发展不均衡问题、减少地区经济总量差额的最有效的方式之一。结合纳克斯提出的"贫困恶性循环理论",我们发现对地区经济增长影响最显著的问题就是落后地区资本短缺。以产业转移为依托,落后地区不仅能够充分发挥自身比较优势,获取更多的资本,还能够吸引外部转移投资,这样落后地区可以凭借"循环累积因果效应"进一步促进产业聚集,推动地区经济发展。此外,对经济较发达地区来说,由内至外地进行产业转移,对其短期内产生的负面影响会在当地经济发展中显现,如产业减少、失业率增加等。但是,在产业转移产生的正负效应的共同作用下，区域经济发展差距在短期内将呈现收敛趋势（见图 2-4）。

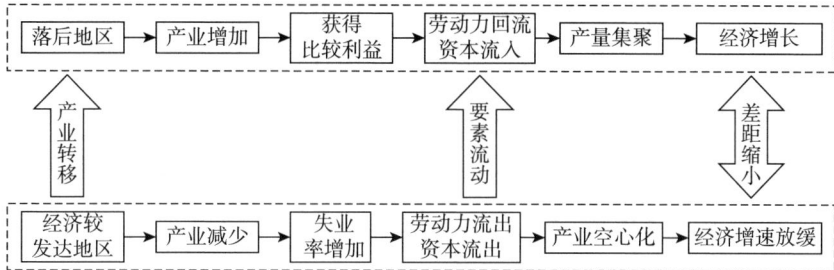

图 2-4　产业转移促进区域经济收敛的短期影响机制

第二，产业转移能够有效促进区域经济持久稳定发展。从长远来看，产业转移对转入地区和转出地区的影响是不一样的。产业转移对转入地区而言，不仅能使其区域经济运行发生变化，还会对其产生一定的竞争诱导作用。转入地区通过制定正式制度以及非正式制度，推动区域经济发展环境发生变化，地区经济健康发展水平得到提升。然而，在这个过程中，我们要清楚地认识到，产业转移对转入地区经济发展也存在一定影响，例如低端价值锁定等。因此，地方政府部门必须充分展现自身的主体作用，对区域比较优势给予全方位考虑，并通过科学的产业规划来对经济发展给予正确指导，通过产业的长期发展，一方面能够提升生产效率，另一方面能够提高劳动者素质、调整就业结构。此外，还可以进一步推进区域产业技术发展，促进产业结构不断升级。依托这些积极效应的发挥，为区域经济发展质量提升、区域经济长期持续发展提供强大的推动力。

第三，产业转移是强化区域间经济发展联系的核心途径。对经济较发达地区来说，其主导作用的有效发挥，主要体现在强化区域间经济发展联系上，而在这个过程中主要手段就是产业转移。首先，产业转移能够使区域间的分工进一步优化，提高经济活动过程中的协同理念。由于产业转移的深入发展，转入地区和转出地区开始关注自身比较优势，重视合作效益，从而进一步推动区域间的经济合作。其次，打破区域间市场的封闭垄断和生产要素的行政壁垒是实现区域间产业转移的基础。最后，产业转移能够进一步强化区域间经济发展联系，从而有效发挥发达地区的带动作用，推动区域协调发展。

第四，市场机制是产业转移促进区域协调发展达成的基础。一方面，从市场的主体作用来看，微观市场主体中的最小单元是企业，企业在获取利益的同时，追求自身收益最大化，成为促进区域经济增长的主体。另一方面，从政府的主体角色来看，地方政府在制定产业规划的过程中，结合区域发展具体情况，会优先发展具有比较优势的产业，从而使地区经济增长的目标得以实现。倘若发展过程中以不具比较优势的产业为主，不但政府要投入大量资金来保证持续发展，而且地区还可能会出现"刘易斯拐点"①（蔡昉，2010）。政府的作用主要体现在三个方面，一是创设发展环境，二是改进发展条件，三是减少交易成本。同时，中央政府在出台相关文件时明确提出，要以市场为导向，结合市场发展特点，对产业转移过程中不同类型企业的主体地位给予尊重和认可。所以，市场机制的有效运转，能够保证产业转入、转出地区联合建立分工明确、特点突出、优势显著的区域产业结构，从而促进区域协调发展。

---

① 刘易斯拐点，即劳动力由过剩到短缺的转折点，是指在工业化过程中，随着农村富余劳动力向非农产业的逐步转移，农村富余劳动力逐渐减少，最终枯竭。

第五，产业转移推动区域协调发展的重要保障是政府调控。一方面，从必要性入手。产业转移在短期和长期内对转入地区和转出地区的经济发展都有一定的负面影响。对转入地区而言，低端价值锁定等效应会长时间存在。对转出地区来说，短期内也会出现很多负面效应，例如产业空心化等。因此，各级政府部门要充分发挥自身的主体作用，凭借科学的宏观调控，对上述负面效应进行规避。另一方面，从可行性入手。中央政府部门要以区域协调发展为重点，把宏观调控与制度约束有机结合，科学规划区域产业，在产业转移过程中对企业给予正确指导，从而推动区域协调发展。此外，产业转移要和对口支援有效衔接，进一步推动落后地区发展，促进区域协调发展。图 2-5 展示了产业转移中不同行为主体的目标约束及作用机制。

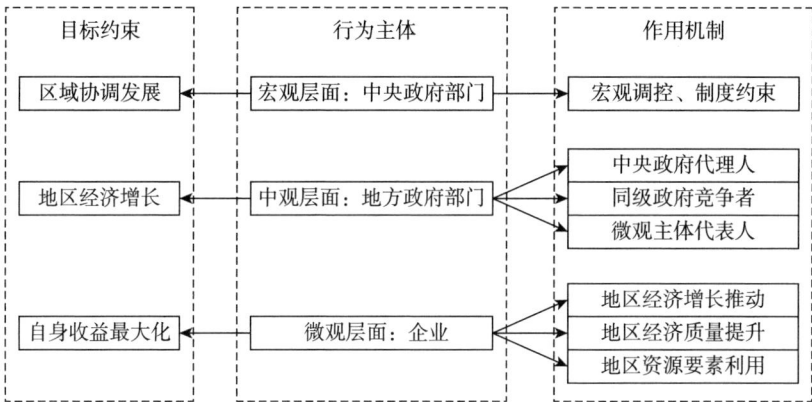

图 2-5　产业转移中不同行为主体的目标约束及作用机制

综上，在时间与空间维度方面，产业转移对转入地区和转出地区均具有一定的影响。在上述影响的相互作用下，产业转移一方面能够快速解决区域间经济发展不均衡问题，并通过长期效应促进区域经济持久稳定发展；另一方面能够强化区域间经济发展联系，充分发挥发达地区的带动作用，逐渐成为推动区域协调发展的有效途径。此外，为了有效实现以产业转移推动区域协调发展的目标，市场机制与政府调控需要有效结合。

由此，可以提出本书的第二个命题。

命题二：产业转移通过对产业转出地区和转入地区产生的短期效应和长期效应来实现区域协调发展。

第四节　环境规制约束下产业转移影响区域协调发展的机制分析

结合前文环境规制影响产业转移的机制分析，以及产业转移影响区域协调发展的机制分析，本节将以环境规制为背景，深入探讨其对产业转移的影响，同时根据产业转移的作用，研究区域协调发展的可行性，提出以下命题：适度的环境规制会加强产业转移对区域协调发展的调节作用。在本部分内容中，将对环境规制约束下产业转移影响区域协调发展的机制进行分析。

从环境规制影响产业转移的机制分析可以看出，在环境规制的压力下，企业不断提升研发能力、优化产业结构、科学配置资源，以保证在市场竞争中自身的优势地位。企业还凭借技术创新产生的补偿效应，对由于环境规制强化而产生的"成本增加效应"进行有效弥补，一方面有效解决企业超标准排放问题，改善环境质量；另一方面显著提升企业生产效率，确保企业利润。此外，环境规制自身可以有效改变企业产业结构，对企业区位选择产生影响，从而形成集聚效应，实现企业成本共担、资源共享。因此，环境规制可以通过准入门槛、要素调整成本、投资方向和结构三个方面，对企业的行为选择产生积极影响。当成本增加效应大于创新补偿效应时，受环境成本的影响，产业转移将以域外转移为主；当成本增加效应小于创新补偿效应时，受技术创新的影响，产业转移将以域内转移为主。

结合产业转移影响区域协调发展的机制分析能够发现，一方面，产业转移是解决地区间经济发展不均衡问题、减少地区经济总量差额的最有效方式之一；另一方面，产业转移能够有效促进区域经济持久稳定发展。同时，产业转移是强化区域间经济发展联系的核心途径、市场机制是产业转移促进区域协调发展达成的基础、政府调控是产业转移推动区域协调发展的重要保障。对产业转入地区来说，短期内能够形成经济总量的提升、产业集聚等效应，长期内可能产生低端价值锁定等效应。对产业转出地区来说，短期内经济增长会受到严重影响，出现产业空心化、失业等效应，但从长远发展的角度来看，能够提高资源使用效率，不断创新技术，优化产业结构，提高竞争力。产业转移以上述效应的合力为依托，不仅能够解决地区间经济发展不均衡问题，促进区域经济持久稳定发展，还能够强化区域经济发展联系，充分发挥发达地区的带动作用，逐渐成为推动区域协调发展的有效途径。

然而，环境规制的强弱对区域协调发展的影响不同。由于企业的最终目的是获利，企业可能会迁移至环境规制较弱的地区进行生产，这可能不利于区域协调发展；反之亦然，较弱的环境规制也可能会使该地区成为企业的"污染天堂"。因此，环境规制下企业是否转移与企业生产成本的多少密切相关，企业可能通过迁移来保持其市场竞争力。例如，在环境规制力度大的情况下，污染密集型企业和劳动密集型企业更容易转移。此外，环境规制力度大，会使企业生产成本发生变化，无法吸引地区外的产业，构成产业集聚壁垒，导致本地区长期面临产业流失的问题，而资源供需不平衡的状况在短期内也难以改变，进一步导致地区资源利用率低、生产力下降；同时，产业集聚壁垒的出现，对地区集聚规模效应形成约束，影响地区经济发展和环境保护。环境规制力度小，企业生产成本下降，能够吸引地区外的产业，但可能会导致重污染产业流入本地区的不利局面，成为"污染天堂"。根据前文关于"区域协调发展"的内涵界定，可以看出过强或过弱的环境规制，不仅影响区域内的纵向协调发展，还会影响区域间的横向协调发展。

总的来说，环境规制力度的差异会影响产业转移对区域协调发展的调节作用，环境规制背景下产业转移推动区域协调发展的作用机理如图 2-6 所示。

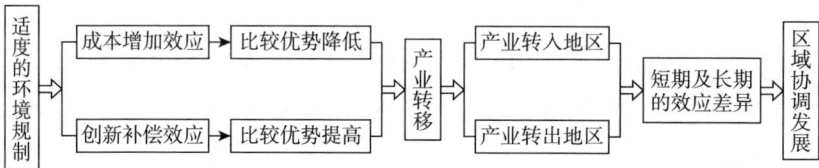

图 2-6　环境规制约束下产业转移推动区域协调发展的作用机理

综上，一方面，适度的环境规制能够有效发挥"创新补偿效应"，使企业创新能力得到显著提高，从而形成规模效应，推动产业的合理转移，促进区域协调发展。对产业转入地区而言，经济总量的提升、技术外溢、产业集聚等效应将在短期内发生，而竞争引致效应将在长期内产生；对产业转出地区而言，长期来看也会产生积极效应，例如资源使用效率的提高、技术创新、产业结构的优化、竞争力的提高等。另一方面，过强或过弱的环境规制会使污染密集型企业通过产业转移来保证自身利益，会导致环境规制较弱地区逐渐发展成环境规制较强地区的"污染天堂"，不仅会造成资源使用率过低、生产效率下降的严重后果，还会降低转入地区的环境质量，不利于我国区域协调发展。对产业转入地区而言，在长期发展中会出现低端价值锁定等问题；对产业转出地区而言，短期里经济快速发展会受到一定约束，产业空心化、失业问题会不断涌现，短期"换挡"可能会变为长期"病痛"。

不同的环境规制力度会使产业转移对区域协调发展产生不同的调节作用。适度的环境规制，可以有效提升产业转移对产业转出地区和转入地区的正面效应，降低负面效应，推动区域协调发展。

由此，能够总结出本书的第三个命题。

命题三：适度的环境规制会加强产业转移对区域协调发展的调节作用。

第五节　小结

本章着眼于本书的研究目的，结合第一章的相关理论与研究文献综述，首先对环境规制、产业转移及区域协调发展的内涵进行了界定，其次对环境规制影响产业转移的机制进行了分析，再次对产业转移影响区域协调发展的机制进行了分析，最后分析了环境规制约束下产业转移影响区域协调发展的机制，总结为以下几点内容。

第一，关于环境规制的内涵界定。环境规制是指通过行政命令和市场激励来限制或调整微观经济主体的经济活动以及个人和社会团体在环境保护方面的权利和义务，以减少环境污染的负外部性，从而实现环境保护和经济发展的目标。环境规制的实施主体包括政府部门、事业单位以及行业协会等；实施的对象主要包括企业和消费者；目标主要是减轻环境污染。

第二，关于产业转移的内涵界定。产业转移是指在区域比较优势的驱动下，产业生产规模发生变化的过程，具有时间和空间的综合效应。对于产业转移来说，其直接驱动力是生产成本和交易成本方面的区域比较优势，包括区域要素价格差异和区域制度差异。本书的研究对象范围既包括以企业迁移为代表的显性产业转移，也包括以产业生产规模变化为特征的隐性产业转移。从效应上来看，产业转移不仅在空间上对不同地区有不同的效应，在时间上也对不同地区有短期和长期的效应。

第三，关于区域协调发展的内涵界定。区域协调发展主要体现在两方面，在区域间主要表现为空间层次上的横向协调发展，在区域内主要表现为时间层次上的纵向协调发展。一方面，从横向协调发展的角度来说，其主要方向就是实现对区域差异的控制，力求将区域差异保持在社会可接受的范围内并呈现逐渐收敛趋势，以保持区域整体发展，从而充分利用区域要素禀赋和发展动力，促进区域经济水平的提高。另一方面，从纵向协调发展的角度来说，其主要方向是保持区域的稳定发展，这就需要按照合理的比较优势形成区域产业体系和产业分工，既要避免为了完成短期经济总量增长而限制生产要素自由流动的行为，又要避免落入基于区域比较优势静态标准的比较优势陷阱。

第四，根据环境规制影响产业转移的机制，得出命题一：环境规制通过"成本增加效应"和"创新补偿效应"，可以有效推进产业的区域间转移。企业在环境规制的影响下，应该对生产结构进行及时的调整，实现合理的资源分配，从而更好地适应当下的市场环境，提升科技创新能力，减少环境规制给企业带来的"成本增加效应"。提升科技创新能力不仅能使企业的排放符合环境规制的要求，还能够优化企业的生产结构，提升企业的生产效率，在实现经济发展的同时，促进了当地的环境治理。环境规制能够直接影响企业的内部结构，以及企业对生产区位的选择。企业之间的聚集，能够实现成本的共担以及资源的共享，所以对其他地区的企业也会产生一定的吸引力，从而增强集聚效应。因此，环境规制可以通过准入门槛、要素调整成本以及投资方向和结构三个角度，让企业进行考量并决定企业未来的发展方向。例如，增加企业生产成本、提升企业技术能力等。如果成本增加效应大于创新补偿效应，那么企业就需要将产业向地区外进行转移；如果成本增加效应小于创新补偿效应，那么企业就会在本地区内继续发展。

第五，根据产业转移影响区域协调发展的机制，得出命题二：产业转移通过对产业转出地区和转入地区产生的短期效应和长期效应来实现区域协调发展。为了能够减小区域间经济发展差距，目前最有效的方式之一就是产业转移，这种方式还能够加强区域间的沟通与合作。此外，市场机制是产业转移促进区域协调发展达成的基础、政府调控是产业转移推动区域协调发展的重要保障。

第六，根据环境规制背景下产业转移影响区域协调发展的机制，得出命题三：适度的环境规制会加强产业转移对区域协调发展的调节作用。不同的环境规制力度会使产业转移对区域协调发展产生不同的调节作用。一方面，适度的环境规制能够有效发挥"创新补偿效应"，有效地提高企业的创新能力，引导企业逐步扩大规模，实现产业的合理转移，促进区域协调发展。具体而言，经济总量的提升、技术外溢和产业集聚等产业转移对转入地区的促进作用将在短期内产生，而竞争引致、低端价值锁定等效应将在长期内产生。同时，对产业转出地区而言，长期效应包括资源使用效率的提高、技术创新、产业结构的优化以及竞争力的提高等。另一方面，环境规制过强或过弱均会造成影响，环境污染企业的产业转移可能会使转入地区污染治理负担加大，降低转入地区的环境质量，不利于我国区域协调发展。

第三章

环境规制、产业转移与区域协调发展的
演进历程及现状分析

本书的第二章对环境规制、产业转移与区域协调发展的内涵进行了界定，并进行了机制分析。本章将从现实出发，对环境规制、产业转移与区域协调发展的演进历程进行总结，并构建相应的指标体系，对环境规制、产业转移与区域协调发展的现状进行深入分析。

第一节　环境规制的演进历程及现状分析

一　环境规制的演进历程

（一）环境规制分类

工业化的快速推进与发展，让人们的生活水平得到了很大程度的提高，但是人们对生活环境也逐渐有了更高的要求。目前，环境污染的主要源头是工业制造，如果企业造成污染的环境成本能够精准计算，那么在价格机制的作用下，环境问题就能够得到有效缓解。从实际情况来看，市场本身就存在信息不对称、不确定性等问题，只是利用市场机制改善环境问题是远远不够的。所以，制定有效的应对措施，即利用环境规制来达到环境治理的目的对各个国家来说都是十分重要的。

由于环境问题越来越严峻，各个国家都逐步提出了环境规制，并在应用过程中对其不断地进行优化。现阶段，环境规制主要分为显性环境规制和隐性环境规制。前者主要是对个体或企业的行为进行约束，主要包括制定法律、法规、制度等手段；后者主要是作用于个人或组织的环境意识、环境态度、环境观念和环境保护认知等内在意识。显性环境规制包括命令控制型、市场激励型、公众参与型等三种类型（见表 3-1）；隐性环境规制包括直接行为、集体行为和组织机构行为三种模式。

表 3-1　显性环境规制的分类情况

主要类型	监管方法	监管手段	具体监管手段
命令控制型	污染控制标准制定	绩效标准	控制各种污染物排放量、控制排放强度、制定生产规范
		技术规范	
		排放规范	
市场激励型	环境税	排污税费、使用者税费以及产品税费	能源税、碳税、产品使用税等
	资金补贴	对环保创新、设备升级提供资金支持	—
	可交易排污许可证	排污许可证交易	温室气体排放交易、碳排放权交易等

主要类型	监管方法	监管手段	具体监管手段
市场激励型	退还押金	要求可能造成环境污染的商品交纳押金	蓄电池、塑料容器、有毒物品容器等
		退还固态废弃押金	
公众参与型	环境认证	ISO14001：2015、EMAS 等	—
	环境标签	—	蓝天使标签、能源之星标签等
	环境协议	自愿签署有法律效力的协议	—
		自愿签署无法律效力的协议	

资料来源：笔者整理。

第一，命令控制型环境规制。主要是指以政府为主导，为了达到保护环境和约束污染企业行为的目的，相关部门或机构所制定和实施的一系列强制性法律和行政手段，如相关的法律法规等。从技术和数量两个方面来看，主要有技术规制和绩效规制。技术规制主要规定了企业和组织在生产和污染控制中需要达到的具体技术标准，绩效规制是在环境治理总量以及治理过程中所产生的总成本的基础上制定的。通过采取恰当的技术标准对企业的生产经营活动进行约束和管控，从而达到控制企业排污量的目的，同时在规制的过程中要对污染治理成本与污染治理效益间的关系进行充分考量。命令控制型环境规制可以迅速改善环境，不过制定和监管中产生的成本相对较高。

第二，市场激励型环境规制。主要是指为了维护生态环境，使企业自主降低污染排放量，相关部门或机构在市场机制作用下采取的一系列的经济手段，如价格机制、产权制度等。从现阶段来看，市场激励型环境规制的手段主要有环境税、资金补贴、可交易排污许可证、退还押金等。其中，环境税由排污税、使用税以及产品税等组成；资金补贴是给排污企业加强环保创新、推动设备升级提供的资金支持；可交易排污许可证是指企业获取了该许可证后，能够在市场中进行排污交易，前提是要满足政府对排污权所制定的相关条件；退还押金是指企业在采购会对环境产生直接或间接污染的设备或产品时，要支付相应的保证金，一旦产品使用过程中所排放的污染量超出相关标准，所交纳的保证金将用于公共环境治理，若未超出相应的标准，则全额返还给交纳单位。这种类型的环境规制主要是基于市场机制引导企业提高资源配置效率，从而以最小的社会成本实现环境保护的目标。

第三，公众参与型环境规制。主要是指排污企业或社会组织为了保护环境，自主签订相关协议。整个协议签订过程中没有政府或其他组织的干预，如环境认证、环境标签、环境协议等。

第四，隐性环境规制。隐性环境规制是相对于显性环境规制而言的，主要特征是存在形式具有无形性，它主要作用于人们的意识和思想，有直接行为、集体行为和组织机构行为三种常见的模式。直接行为模式是指个体或组织的环境行为受到环境意识、环境态度、环境观念等方面的影响；集体行为模式是指环境在环境意识、环境态度等方面的作用下产生了变化；组织机构行为模式是指市场上逐渐出现了民营环境机构，这些机构主要是在环境意识、环境态度、环境理念的驱使下形成的，主要为了监督企业的行为（见图 3-1）。

由于社会和经济在不断发生变化，环境规制也在不断演进（见图 3-2）。一方面，由于已有的环境规制无法满足现阶段不断发展的需要，越来越多新的手段投入应用；另一方面，已有的环

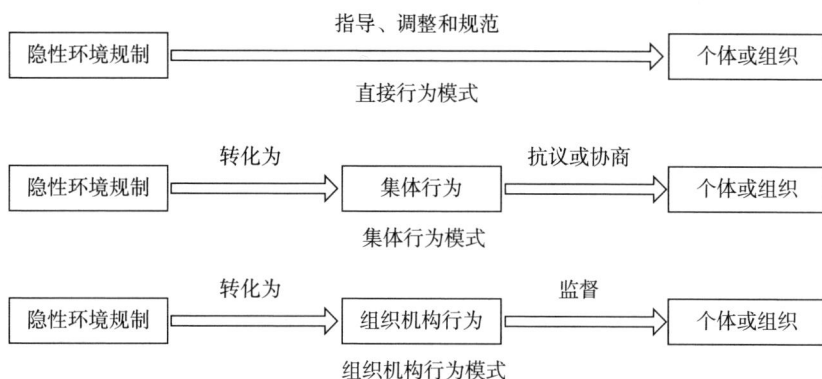

图 3-1　隐性环境规制的三种作用模式

境规制也在持续进行优化。总而言之，现有环境规制的模式在未来的环境规制中依旧是不可缺少的，其作用是其他模式无法比拟的。另外，在社会和经济的不断发展中，人们的环境保护意识也越来越强，隐性环境规制和公众参与型环境规制逐渐引起社会各界的关注。

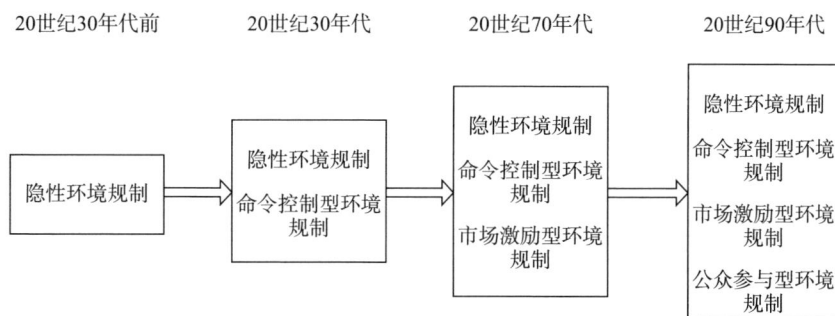

图 3-2　环境规制的演进过程

就《中华人民共和国环境保护法》的发展历程而言，本书认为我国的环境规制经历了三个阶段的发展：起步阶段、成长阶段、现代化阶段，三者的时间段分别为 1972～1991 年、1992～2001

年、2002 年至今。

（二）起步阶段（1972~1991 年）

中华人民共和国成立之初，并未制定与环境有关的法律制度。随着社会经济水平不断地提升，我国的工业化程度也进一步提高，环境问题也日益凸显，政府对环境问题的重视程度也越来越高。1972 年 6 月，联合国组织在斯德哥尔摩召开人类环境会议，我国也派了代表前去参加；同月，我国政府代表团参加了联合国人类环境会议，会议通过了《人类环境宣言》，环境保护开始摆上国家议事日程。1973 年 8 月，我国首次召开了以环境保护为主题的会议，制定了《关于保护和改善环境的若干规定（试行草案）》，这也是我国首个与环境相关的管理文件，至此我国正式开始制定和完善与环境有关的法律法规。1978 年 3 月 5 日，第五届全国人民代表大会第一次会议将环境保护和污染防治写入《中华人民共和国宪法》。1979 年 9 月 13 日，第五届全国人民代表大会常务委员会第十一次会议通过了《中华人民共和国环境保护法（试行）》，这是我国第一部单行的环境保护法律。

我国一方面在环境相关的法律体系建设工作上加大了力度，另一方面也在设立相应的环境管理机构。1970 年以来，环境监管工作逐渐引起我国政府部门的重视。我国首次全国环境保护会议于 1973 年组织召开，揭开了中国环境保护事业的序幕。《中华人民共和国环境保护法（试行）》于 1979 年正式发行，文件中明确表示各机关、地方政府、企业事业单位应当设立环境保护机构，为我国环境保护管理体制的建设提供了法律依据。我国在 1982 年对相关的机关组织进行了大规模的改革，对环境领域的监管工作加大考虑力度，于1982年撤销了国务院环境保护领导小组，城乡建设环境保护部环境保护局也在这个时候正式成立；1982年5月，国务院环境保护委员会宣布成立，由国务院直接管辖；1982年12月，国家环境保护局成立，是由原来的城乡建设环境保护部环境保护局更名而来。1988年，我国再次进行了机构改革，原有的国家环境保护局成为国务院直属机构，推动了我国环保机构建设的进程。《中华人民共和国环境保护法》于1989年重新修订，对环境监管制度进行了明确，国务院和地方政府部门也相继建立了相应的环境保护监督管理机构（铁燕，2010）。

1972~1991年，我国政府十分重视环境领域的法律法规建设（见表3-2）。

表3-2　我国环境规制起步阶段（1972~1991年）重要法律法规梳理

类型	年份	文件名称
法律	1982	《中华人民共和国海洋环境保护法》；《中华人民共和国宪法》（1982年）
	1984	《中华人民共和国森林法》
	1986	《中华人民共和国矿产资源法》；《中华人民共和国土地管理法》
	1988	《中华人民共和国野生动物保护法》；《中华人民共和国标准化法》
	1989	《中华人民共和国环境保护法》
	1991	《中华人民共和国水土保持法》
行政法规	1983	《防止船舶污染海域管理条例》（自2010年3月1日起废止）；《中华人民共和国海洋石油勘探开发环境保护管理条例》
	1985	《中华人民共和国海洋倾废管理条例》

续表

类型	年份	文件名称
行政法规	1986	《中华人民共和国民用核设施安全监督管理条例》
	1987	《中华人民共和国核材料管制条例》
	1988	《中华人民共和国防止拆船污染环境管理条例》
	1990	《建设项目环境保护管理程序》；《中华人民共和国防治陆源污染物污染损害海洋环境管理条例》
部门规章	1983	《全国环境监测管理条例》
	1987	《城市放射性废物管理办法》
	1989	《饮用水水源保护区污染防治管理规定》
	1990	《汽车排气污染监督管理办法》
	1991	《环境监理工作暂行办法》

资料来源：中华人民共和国生态环境部网站（https://www.mee.gov.cn/）。

（三）成长阶段（1992~2001年）

在 20 世纪七八十年代环境领域法律法规和组织建设的基础上，我国在 1992~2001 年针对不同的环境领域建立了不同的法律体系，如森林、海洋、土地等，实现了多领域的规范管理。20 世纪 90 年代，我国经济增长加快，工业污染加剧，环境保护也迅速发展，污染控制的规章制度越来越详细。1990 年，基于现有的环境保护法律体系，我国政府表示在未来要以可持续发展为目标。1992 年，联合国环境与发展大会召开，对《环境与发展十大对策》进行审议，会议提出要以可持续发展为目标，进一步强调了保护环境的重要性，同时颁布了相关标准文件。1996 年 3 月，第八届全国人民代表大会第四次会议召开，会议提出在现代化建设发展过程中可持续发展将成为重点实施战略，"33211 环境工程"也获得批准。在此阶段中，我国环境相关的法律法规也以环境保护为目的。

另外，我国的环保机构也在这个过程中不断地进行调整。国务院环境保护委员会于1998年宣布取消，由国家环境保护总局统一承担其相关职能。20世纪90年代末，中央政府部门表明，地方环保局也应当建立相关的环境管理机制，发挥双重管理的作用。国家对于环境保护的认识越来越深刻，各种类型的法律法规也逐渐得到了完善，相关条例也更加全面（见表3-3）。

表3-3　我国环境规制成长阶段（1992~2001年）重要
法律法规梳理

类型	年份	文件名称
法律	1993	《中华人民共和国农业法》
	1996	《中华人民共和国煤炭法》；《中华人民共和国环境噪声污染防治法》
	1999	《中华人民共和国气象法》
	2000	《中华人民共和国大气污染防治法》；《中华人民共和国渔业法》
行政法规	1993	《核电厂核事故应急管理条例》
	1994	《中华人民共和国自然保护区条例》
	1995	《淮河流域水污染防治暂行条例》
	1996	《中华人民共和国野生植物保护条例》
	1998	《建设项目环境保护管理条例》
	2000	《中华人民共和国水污染防治法实施细则》
	2001	《法规规章备案条例》
部门规章	1992	《国家环境保护局环境保护科学技术研究成果管理办法》；《环境监理执法标志管理办法》；《防治尾矿污染环境管理规定》

续表

类型	年份	文件名称
部门规章	1994	《化学品首次进口及有毒化学品进出口环境管理规定》；《环境保护档案管理办法》
	1995	《环境监理人员行为规范》
	1996	《废物进口环境保护管理暂行规定》；《关于废物进口环境保护管理暂行规定的补充规定》
	1997	《电磁辐射环境保护管理办法》
	1999	《环境标准管理办法》；《关于发布〈秸秆禁烧和综合利用管理办法〉的通知》；《危险废物转移联单管理办法》；《环境保护部门规章和规范性文件修正案》；《关于印发〈污染源监测管理办法〉的通知》；《关于印发〈消耗臭氧层物质进出口管理办法〉的通知》；《近岸海域环境功能区管理办法》
	2000	《关于印发〈关于加强对消耗臭氧层物质进出口管理的规定〉的通知》
	2001	《畜禽养殖污染防治管理办法》；《淮河和太湖流域排放重点水污染物许可证管理办法（试行）》

资料来源：中华人民共和国生态环境部网站（https://www.mee.gov.cn/）。

（四）现代化阶段（2002 年至今）

由于我国的环境规制越来越健全，我国环境相关的法律法规主要是基于三个方面来制定的：保护生态资源、防灾减灾、污染治理与防范。自 21 世纪以来，中国的综合实力越来越强，国际影响力也越来越大，环境保护领域的关注焦点和措施逐渐地往国际化方向发展。在社会各界的共同努力下我国在环境保护方面取得了突出的成就，国际地位不断攀升，这也意味着我国将要肩负起更大的环境保护义务。现阶段，我国既注重本国的环境保护，也在国际环境保护领域做出了贡献。2002 年 6 月 29 日，《中华人民共和国清洁生产促进法》发行，我国首部循环经济法由此诞生。我国在推动环境保护和管理政策、法律法规日益完善的同时，也加强了与国际环境保护组织的联系。参与了多部国际环境公约的编制，如《京都议定书》《国际防止荒漠化公约》等，同时贯彻落实公约义务。

自 21 世纪以来，我国与国际环境保护领域的联系越来越密切，并进一步强化了我国环保部门的职责。为了加强对中国环境保护的监管，我国 2006 年分别在五个地区设立了环境保护督察中心，即东北、华东、西北、西南、华南；另外，华北环境保护督察中心于 2007 年成立。2008 年，国家环境保护总局完成更名，现称为中华人民共和国环境保护部。从 2002 年开始，我国的环境规制越来越健全，陆续出台了多部文件（见表 3-4）。

表 3-4　我国环境规制现代化阶段（2002 年至今）重要
法律法规梳理

类型	年份	文件名称
法律	2002	《中华人民共和国清洁生产促进法》；《中华人民共和国水法》；《中华人民共和国环境影响评价法》；《中华人民共和国草原法》；《中华人民共和国防沙治沙法》
	2003	《中华人民共和国放射性污染防治法》；《中华人民共和国行政许可法》
	2005	《中华人民共和国可再生能源法》
	2007	《中华人民共和国节约能源法》；《中华人民共和国城乡规划法》
	2008	《中华人民共和国水污染防治法》；《中华人民共和国循环经济促进法》

续表

类型	年份	文件名称
法律	2011	《中华人民共和国行政强制法》
	2014	《中华人民共和国环境保护法》（自 2015 年 1 月 1 日起施行）
	2015	《中华人民共和国大气污染防治法》
	2016	《中华人民共和国固体废物污染环境防治法》（2016 年 11 月 7 日修正版）
	2017	《中华人民共和国标准化法》（2017 年 11 月 4 日修订）；《中华人民共和国核安全法》；《中华人民共和国水污染防治法》（2017 年 6 月 27 日第二次修正）
	2019	《中华人民共和国行政许可法》（2019 年 4 月 23 日修正）
	2020	《中华人民共和国长江保护法》；《中华人民共和国固体废物污染环境防治法》（第二次修订）
	2021	《中华人民共和国湿地保护法（自 2022 年 6 月 1 日起施行）》；《中华人民共和国噪声污染防治法》（自 2022 年 6 月 5 日起施行）
行政法规	2002	《危险化学品安全管理条例》
	2003	《排污费征收使用管理条例》；《医疗废物管理条例》
	2004	《危险废物经营许可证管理办法》；《国务院对确需保留的行政审批项目设定行政许可的决定》
	2005	《放射性同位素与射线装置安全和防护条例》
	2006	《国家突发环境事件应急预案》；《中华人民共和国濒危野生动植物进出口管理条例》；《防治海洋工程建设项目污染损害海洋环境管理条例》
	2007	《中华人民共和国政府信息公开条例》；《国务院关于修改〈中华人民共和国防治海岸工程建设项目污染损害海洋环境管理条例〉的决定》；《中华人民共和国防治海岸工程建设项目污染损害海洋环境管理条例》；《民用核安全设备监督管理条例》；《全国污染源普查条例》
	2008	《汶川地震灾后恢复重建条例》；《中华人民共和国畜禽遗传资源进出境和对外合作研究利用审批办法》

续表

类型	年份	文件名称
行政法规	2009	《废弃电器电子产品回收处理管理条例》；《规划环境影响评价条例》；《防治船舶污染海洋环境管理条例》；《放射性物品运输安全管理条例》
	2010	《消耗臭氧层物质管理条例》
	2011	《国务院关于废止和修改部分行政法规的决定》；《危险化学品安全管理条例》；《太湖流域管理条例》；《放射性废物安全管理条例》
	2012	《气象设施和气象探测环境保护条例》
	2013	《国务院关于废止和修改部分行政法规的决定》；《城镇排水与污水处理条例》；《畜禽规模养殖污染防治条例》；《国务院关于修改部分行政法规的决定》
	2014	《国务院关于修改部分行政法规的决定》；《企业信息公示暂行条例》
	2016	《国务院关于印发"十三五"生态环境保护规划的通知》；《中华人民共和国陆生野生动物保护实施条例》
	2017	《中华人民共和国自然保护区条例》；《农药管理条例》；《中华人民共和国海洋倾废管理条例》；《防止拆船污染环境管理条例》
	2018	《中华人民共和国防治海岸工程建设项目污染损害海洋环境管理条例》；《防治船舶污染海洋环境管理条例》；《防治海洋工程建设项目污染损害海洋环境管理条例》；《消耗臭氧层物质管理条例》
	2019	《放射性同位素与射线装置安全和防护条例》；《废弃电器电子产品回收处理管理条例》；《民用核安全设备监督管理条例》；《全国污染源普查条例》
	2021	《地下水管理条例》；《排污许可管理条例》
部门规章	2003	《环境影响评价审查专家库管理办法》；《专项规划环境影响报告书审查办法》；《全国环保系统六项禁令》
	2004	《医疗废物管理行政处罚办法》；《环境保护行政许可听证暂行办法》

类型	年份	文件名称
部门规章	2005	《环境保护法规制定程序办法》;《建设项目环境影响评价资质管理办法》;《废弃危险化学品污染环境防治办法》;《污染源自动监控管理办法》;《国家环境保护总局建设项目环境影响评价文件审批程序规定》;《建设项目环境影响评价行为准则与廉政规定》
	2006	《放射性同位素与射线装置安全许可管理办法》;《病原微生物实验室生物安全环境管理办法》;《关于废止、修改部分规章和规范性文件的决定》;《环境信访办法》;《国家级自然保护区监督检查办法》;《环境统计管理办法》
	2007	《环境信息公开办法(试行)》;《环境监测管理办法》;《电子废物污染环境防治管理办法》;《关于废止、修改部分规章和规范性文件的决定》;《排污费征收工作稽查办法》
	2008	《民用核安全设备设计制造安装和无损检验监督管理规定(HAF601)》;《民用核安全设备无损检验人员资格管理规定(HAF602)》;《民用核安全设备焊工焊接操作工资格管理规定(HAF603)》;《进口民用核安全设备监督管理规定(HAF604)》;《危险废物出口核准管理办法》;《国家危险废物名录》;《建设项目环境影响评价分类管理名录》;《关于修改〈放射性同位素与射线装置安全许可管理办法〉的决定》;《环境行政复议办法》
	2009	《建设项目环境影响评价文件分级审批规定》;《限期治理管理办法(试行)》
	2010	《新化学物质环境管理办法》;《环境行政处罚办法》;《地方环境质量标准和污染物排放标准备案管理办法》;《进出口环保用微生物菌剂环境安全管理办法》;《放射性物品运输安全许可管理办法》;《环保举报热线工作管理办法》;《环境行政执法后督察办法》;《废弃电器电子产品处理资格许可管理办法》;《关于公布现行有效的国家环保部门规章目录的公告》;《关于废止、修改部分环保部门规章和规范性文件的决定》
	2011	《固体废物进口管理办法》;《放射性同位素与射线装置安全和防护管理办法》;《突发环境事件信息报告办法》

续表

类型	年份	文件名称
部门规章	2012	《污染源自动监控设施现场监督检查办法》;《环境污染治理设施运营资质许可管理办法》
	2013	《环境监察执法证件管理办法》;《放射性固体废物贮存和处置许可管理办法》;《核与辐射安全监督检查人员证件管理办法》
	2014	《消耗臭氧层物质进出口管理办法》;《关于废止〈环境污染治理设施运营资质许可管理办法〉的决定》;《环境保护主管部门实施按日连续处罚办法》;《环境保护主管部门实施查封、扣押办法》;《环境保护主管部门实施限制生产、停产整治办法》;《企业事业单位环境信息公开办法》;《突发环境事件调查处理办法》
	2015	《建设项目环境影响评价分类管理名录》;《突发环境事件应急管理办法》;《环境保护公众参与办法》
	2016	《放射性物品运输安全监督管理办法》;《污染地块土壤环境管理办法（试行）》
	2017	《固定污染源排污许可分类管理名录》（2017年版）;《环境保护档案管理办法》
	2018	《排污许可管理办法（试行）》;《关于修改〈建设项目环境影响评价分类管理名录〉部分内容的决定》;《环境影响评价公众参与办法》
	2019	《核动力厂、研究堆、核燃料循环设施安全许可程序规定》;《核电厂厂址选择安全规定》;《固定污染源排污许可分类管理名录》（2019年版）
	2020	《新化学物质环境管理登记办法》;《生态环境标准管理办法》
	2021	《企业环境信息依法披露管理办法》;《危险废物转移管理办法》;《关于废止固体废物进口相关规章和规范性文件的决定》;《碳排放权交易管理办法（试行）》;《建设项目环境影响评价分类管理名录》（2021年版）;《国家危险废物名录》（2021年版）

资料来源:中华人民共和国生态环境部网站(https://www.mee.gov.cn/)。

截至 2022 年 3 月，我国已经发布了八个领域的环境保护规范，包括自然生态、水生态、海洋生态、大气环境保护、气候变化应对、土壤生态环境保护、固体废物和化学品管理、核与辐射安全监管。纵观我国环境规制的演进历程，其数量呈现持续增长趋势，涉及领域也越来越多，法律法规体系日益完善，我国也开始在国际领域承担更多的环境保护责任。

二 环境规制的现状分析

（一）环境规制整体变化

随着社会的发展，我国越来越重视环境保护，与环境保护相关的法律制度也越来越健全，同时进一步加大了对环境问题的监管力度，我国在该领域已然取得了突出的成就。工业"三废"是现阶段我国环境污染的主要来源，因此，我国现阶段的环境监管工作应当将重心放在控制工业污染排放量方面。2003~2023 年，我国环境规制整体效果如表 3-5 所示。

我国政府在环境保护领域的监督管理职能不断加强，环境治理取得了一定成效。2003~2023 年，工业"三废"排放得到了一定的监管，突发环境事件显著减少，国家环境保护监督管理工作取得初步成效。2003~2015 年，我国工业废水排放量整体呈现倒"U"形变动趋势，2003~2007 年，我国工业废水排放量每年都在增加，并在 2007 年达到峰值；2007 年后，我国工业废水排放量开始不断下降。2003~2015 年，我国工业废气排放量和工业固体废弃物产生量整体上有所增加；2017~2023 年，我国工业固体废弃物产生量在 40 亿吨左右。2003~2015 年，我国一般工业废物综合利用率从 54.8% 提升到 60.2%。2003~2023 年，我国突发环境

表 3-5　2003~2023 年我国环境规制整体效果

指标	2003 年	2005 年	2007 年	2009 年	2011 年	2013 年	2015 年	2017 年	2019 年	2021 年	2023 年
工业废水排放量（亿吨）	235.0	243.1	246.6	234.5	230.9	209.8	199.5	—	—	—	—
工业废气排放量（亿标立方米）	198906	268988	388169	436064	674509	669361	685190	—	—	—	—
工业固体废弃物产生量（万吨）	100428	134449	175632	203943	326204	330859	331055	393289	448936	397000	423400
一般工业废物综合利用率（%）	54.8	56.1	62.1	67.0	59.9	62.2	60.2	—	—	—	—
突发环境事件（件）	1843	1406	462	418	542	712	471	304	261	113	130

注：以第二次全国污染源普查成果为基准，生态环境部依法组织对 2016~2019 年污染源统计初步数据进行了更新，2016 年后部分数据与以前年份不可比，在本书中以 "—" 代替。

资料来源：2003~2023 年《中国环境统计年鉴》，2003~2023 年《中国生态环境状况公报》，《国务院关于 2023 年度环境状况和环境保护目标完成情况的报告》等。

事件数量大幅度下降，说明我国对突发环境事件的应对处理机制也日臻成熟和完善。

2002~2023 年，我国环境污染治理投资总额整体呈增加趋势，充分体现了我国在经济快速增长的过程中对环境规制也十分重视。其中，占比最大的为城市环境基础设施建设投资，与环境污染治理投资总额的增长趋势基本一致（见图 3-3）。2002~2023 年，我国环境污染治理投资总额的变化趋势，呈现明显的连续倒"U"形特征，在 2008 年、2010 年、2014 年、2017 年和 2020 年分别达到拐点。其中，我国 2020 年环境污染治理投资总额为 10638.9 亿元，占我国 2020 年国内生产总值的 1.0%，占全社会固定资产投资总额的 2.0%。

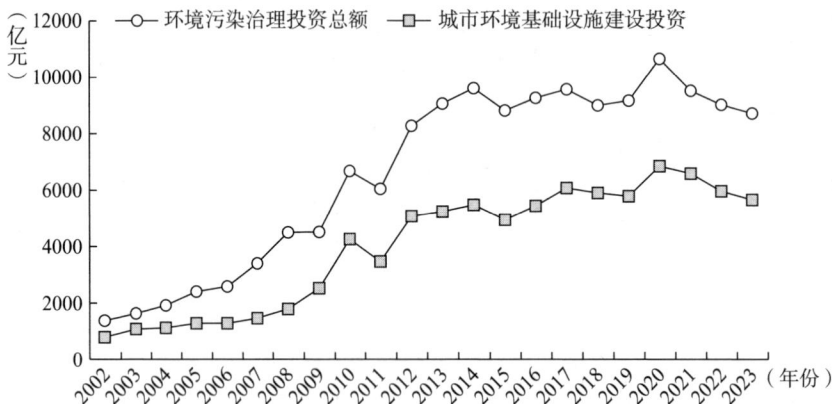

图 3-3　2002~2023 年我国环境污染治理投资情况

资料来源：2002~2023 年《中国生态环境统计年报》。

"三同时"制度①是我国出台最早的命令控制型环境规制之

---

① "三同时"制度是我国环境保护工作的一个创举，是在总结我国环境管理实践经验的基础上，被我国法律所确认的一项重要的环境保护法律制度，最早见于 1973 年的《关于保护和改善环境的若干规定》。

一。本书选择"三同时"制度作为命令控制型环境规制的代表，是因为它是根据我国社会主义制度和社会主义建设经验提出的，是具有中国特色的有效环境管理体系。可以看出，2002～2023年，我国建设项目"三同时"环保投资总额呈现显著的连续倒"U"形特征，在2008年、2014年、2020年分别达到拐点（见图3-4）。

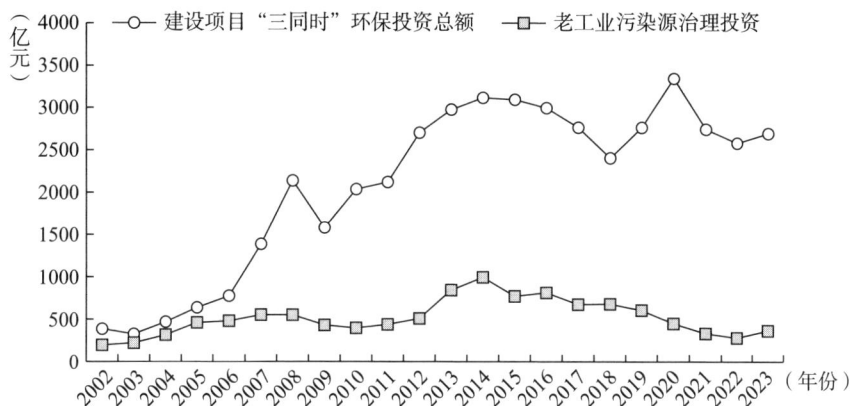

图 3-4 2002～2023 年我国"三同时"制度投资总额

注：2018 年开始，中华人民共和国生态环境部的《中国生态环境统计年报》数据统计中，将建设项目"三同时"环保投资改为建设项目竣工验收环保投资。

资料来源：2002～2023 年《中国生态环境统计年报》。

同时，我国老工业污染源治理投资相对稳定，除在 2014 年达到峰值 997.7 亿元、在 2002 年为最低值 188.4 亿元之外，2002～2023 年的多数年份基本稳定在 800.0 亿元左右，说明我国老工业污染源治理问题持续存在，需要加大治理力度。另外，我国十分重视工业污染治理，并且给予了财政支持，投入了大量的人力、物力、财力，投资规模较大，2016 年合计投资 818.9 亿元、2017年合计投资 681.6 亿元、2018 年合计投资 621.2 亿元、2019 年合计投资 615.2 亿元，2020 年有所回落，为 454.3 亿元（见表 3-6）。

表 3-6　2016~2023 年重点调查对象中工业污染治理投资情况

单位：亿元

指标	2016 年	2017 年	2018 年	2019 年	2020 年	2021 年	2022 年	2023 年
合计	818.9	681.6	621.2	615.2	454.3	335.1	285.7	362.4
工业废水治理项目	108.2	76.4	64.0	69.9	57.4	36.1	37.7	81.0
工业废气治理项目	561.5	446.3	393.1	367.7	242.4	222.1	198.4	204.3
工业固废治理项目	38.9	12.7	18.4	17.1	17.3	7.9	12.6	11.8
噪声治理项目	0.6	1.3	1.5	1.4	0.7	0.5	0.4	0.5
其他治理项目	109.7	144.9	144.2	159.1	136.5	68.5	36.6	64.8

资料来源：2002~2023 年《中国生态环境统计年报》。

（二）环境规制指标测度

目前，国内外尚未将环境规制指标测度的标准进行统一，主要原因是获取环境规制数据的渠道狭窄，并且数据的质量也得不到有效保证，选择方法包括单一指标法、替代法和综合指标法。

一是单一指标法。单一指标法常被用来评估环境规制水平。侯伟丽和方浪（2013）在评估环境监管产生的效果时，从工业污染投资和污染治理成本这两个经济指标入手，将两者数据加总，然后计算它们的和占区域工业生产总值的比重，从而判断环境监管是否取得良好成效。王询和张为杰（2011）在判断环境规制成效时，主要统计了环境治理中二氧化硫的去除量，并且计算了其在二氧化硫总生产量中的占比，以此来判断环境规制的成效。肖宏（2008）在判断环境规制的执行效果时，对工业治理投入的资金进行了统计，还分析了平均排污费征收的现状，并对治理环境的总成本进行了计算。仇冬芳和周月书（2013）在衡量环境规制产生的效果时，计算了环境规制占区域经济总量的比重，从而根据数据进行效果判断。使用单一指标法十分便捷，能够快速获取相关数据进行计算。然而，这种方法只能对单一环境规制的水平进行衡量。

二是替代法。将影响环境规制实施效果的因素全部替换成与环境规制高度相关的变量，来衡量环境规制的水平，这就是替代法。陆旸（2009）对人均收入和环境规制进行了研究，发现它们之间的关系十分紧密，所以他将环境规制替换成了人均收入水平指数，从而进行量化判断。使用替代法，数据获取方式简单且数据质量也有保障，缺点主要是变量与替代变量之间存在多重共线性，使用替代变量衡量环境规制强度，有时会出现错误结果。

三是综合指标法。使用综合指标法能够将多种和环境规制相关的政策工具结合起来，从而构建全面的衡量环境规制的指标体系。傅帅雄等（2011）将影响环境的各项污染排放量指标进行组合构建指标体系，包括固体废物、工业废水排放量等，通过指标体系来衡量环境规制的效果。傅京燕和李丽莎（2010）将各污染物排放合格率构成1个目标层和3个评价层，对环境规制指标进行综合测度。综合指标法的优点表现为能够结合多个影响环境的因素指标，构建更为全面的指标体系，从而使得结果更加全面；缺点主要是这些指标的数据很难获取。

作为本书后续模型的核心解释变量之一，环境规制的准确表达非常重要，仅从某一方面衡量其水平，容易产生较大偏差。在现有研究中，很多学者采用综合指标法来衡量环境规制，即利用工具变量修改环境规制函数。例如，李梦洁和杜威剑（2014）将影响环境质量的各类污染物都纳入了指标体系，建立了完善的环境质量评价体系，从而评估环境规制的水平。本书参考了李梦洁和杜威剑（2014）的研究方法，对我国污染物排放的现状进行了调查，并统计了相关数据，在这些污染物中选择了四项指标，分别为工业烟尘去除率、工业固体废物综合利用率、工业二氧化硫去除率和工业废水排放达标率，使用优化后的熵权法分别对其权重进行计算，从而得出环境规制综合指数，这种方式的优点主要是能够更加全面地了解环境规制水平，避免产生测量误差。

将四项指标分别进行无量纲化处理后得到：

$$x_{ij}^{*} = \frac{x_{ij} - x_{\min(j)}}{x_{\max(j)} - x_{\min(j)}} \tag{3-1}$$

公式（3-1）中，x_{ij}^{*} 代表赋值，i 代表年份，j 代表污染指标，x_{ij} 代表污染物初始值，$x_{\max(j)}$ 代表第 j 项污染指标的最大值，$x_{\min(j)}$ 代表第 j 项污染指标最小值。先计算 x_{ij}^{*} 的权重 G_{ij}，得出数值后，再对第 j 项指标的熵值 h_j 进行计算，然后对差异系数 f_j 进行计算。f_j 值越大，说明指标 x_j 对综合评价产生的作用越突出。最后计算指标 x_j 的权重 K_j：

$$G_{ij} = \frac{x_{ij}^{*}}{\sum_{i=1}^{m} x_{ij}^{*}}, h_j = -\left(\frac{1}{\mathrm{Ln}m}\right) \sum_{i=1}^{m} G_{ij} \mathrm{Ln} G_{ij}, f_j = 1 - h_j \tag{3-2}$$

$$K_j = \frac{f_j}{\sum_{j=1}^{n} f_j} = \frac{1 - h_j}{\sum_{j=1}^{n}(1 - h_j)}, 且 0 \leqslant K_j \leqslant 1 \tag{3-3}$$

根据公式（3-2）和公式（3-3），第 i 年的环境规制综合指

数 Er_i 为：

$$Er_i = \sum_{j=1}^{n} (K_j \times 100)(G_{ij} \times 100) \qquad (3-4)$$

公式（3-4）中，第 i 年的环境规制综合指数 Er_i 越大，表示环境规制强度越大。

在建立好指标体系后，为了能够更方便地评估环境规制水平，本书特地选用了优化后的熵权法对环境规制综合指数进行了计算。为了确保结果的真实性，本书的指标数据从《中国统计年鉴》、《中国环境统计年鉴》、《中国环境年鉴》和各省份统计年鉴中选取，数据真实可信，值得注意的是本书选取的各省份统计年鉴是除西藏自治区、香港、澳门和台湾之外的 30 个省份的统计年鉴。另外，本书选择的是 2003～2017 年的数据，时间跨度较大，所以数据存在部分缺失的情况，为了保证数据可用，本书使用平均增长率填充法、插补法和相似数据替换法对数据进行修正和改进。此外，在进行结果分析时，本书依据经济社会发展水平及地理因素，进一步将我国 30 个省份（不包括西藏自治区、香港、澳门和台湾）分为东部、中部、西部三个地区，以便与全国的环境规制综合指数进行对比；其中，东部地区含 12 个省份，中部地区含 9 个省份，西部地区含 9 个省份（见表 3-7）。

表 3-7　我国东部、中部、西部地区具体省份划分

地区	东部地区	中部地区	西部地区
省份	辽宁、北京、天津、河北、山东、江苏、上海、浙江、福建、广东、广西、海南	山西、内蒙古、吉林、黑龙江、安徽、江西、河南、湖北、湖南	陕西、甘肃、青海、宁夏、新疆、四川、重庆、云南、贵州

注：本书的地区分类标准均如此表所示。

根据公式（3-4），可以得出 2003~2017 年我国全国范围及东部、中部、西部地区的环境规制综合指数，综合指数越大，表示环境规制水平越高（见表 3-8）。

表 3-8　2003~2017 年我国全国范围及东部、中部、西部地区的
环境规制综合指数

年份	全国范围	东部地区	中部地区	西部地区
2003	0.5968	0.6619	0.5945	0.4975
2004	0.6134	0.6973	0.6087	0.5112
2005	0.6432	0.7283	0.6411	0.5678
2006	0.5877	0.6732	0.589	0.4837
2007	0.6761	0.7828	0.6634	0.5792
2008	0.7089	0.8094	0.7011	0.5924
2009	0.7185	0.8251	0.7134	0.6183
2010	0.7159	0.7932	0.7151	0.6055
2011	0.8403	0.8939	0.8482	0.7369
2012	0.6837	0.7622	0.6818	0.6177
2013	0.7452	0.8134	0.7348	0.6790
2014	0.7269	0.7747	0.7122	0.6551
2015	0.7463	0.8287	0.7387	0.6846
2016	0.7325	0.7955	0.7054	0.6734
2017	0.7209	0.7876	0.7003	0.6601

根据表 3-8，可以得出 2003~2017 年我国全国范围以及东部、中部、西部地区的环境规制水平变化情况，2003~2017 年，我国全国范围的环境规制水平总体呈增长趋势（见图 3-5）。同时，不同地区的环境规制水平之间存在明显的差异，但是从整体来看，它们之间的差距在不断缩小。这些变化侧面说明我国政府

正在不断加大环境治理力度，我国的生态环境质量得到了一定提高。

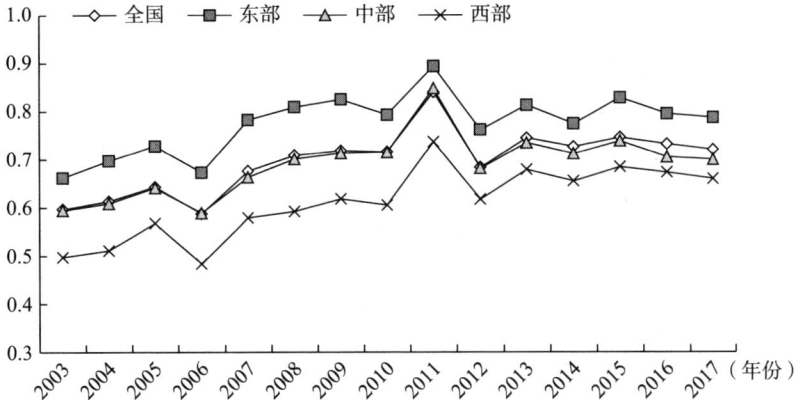

图 3-5　2003~2017 年我国全国范围及东部、中部、西部地区的环境规制水平变化趋势

第二节　产业转移的演进历程及现状分析

一　产业转移的演进历程

人类自进入工业社会以来，就在不断地实施产业转移。每一段时间内产业都会进行转移，这已经成为社会经济的发展规律。产业区域转移和产业国际转移之间存在相同之处，即都是从一个地区向另外一个地区转移。我国市场经济发展迅速，产业区域转移已经成为常见的经营活动。通过产业区域转移，我国的区域经济也发生了巨大的变化。产业区域转移通过推动中国区域产业结构升级和产业空间布局优化，不断探索形成区域协调发展的新局面。图 3-6 展示了 2002~2023 年我国国内生产总值及三次产业占比的变动趋势。

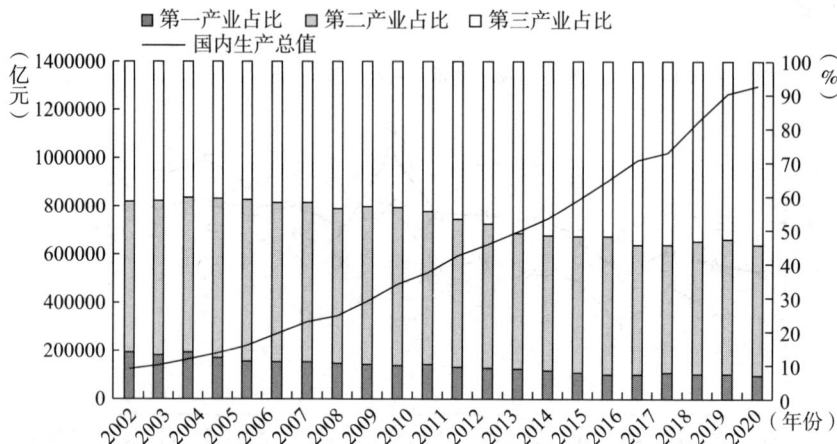

图3-6 2002~2020年我国国内生产总值及三次产业占比的变动趋势

资料来源：2003~2021年《中国统计年鉴》。

图3-7展示了2002~2023年我国三大地区生产总值占比变动趋势。2002~2006年，东部地区生产总值占比一直在稳步上升，逐渐接近60%的高水平，2007年开始回落。中部地区生产总值占比在2002~2023年的总体变化并不明显。西部地区生产总值占比在2002~2023年的变化总体上与东部地区呈现相反的趋势，2023年，西部地区生产总值占比提高到21.00%。

图3-8、图3-9、图3-10分别展示了2003~2023年我国东部、中部和西部地区三次产业占GDP比重的变动趋势。总体而言，三个地区的第二产业占比均较高，此外，三个地区的第一产业占比均有所下降，而第三产业占比均有所上升。

2002年我国东部地区第一产业占GDP的比重为11.45%，2023年已经下降到5.65%，降幅显著。第二产业占比在这一时期呈现倒"U"形变化趋势，在2006年达到51.40%的高点后开始

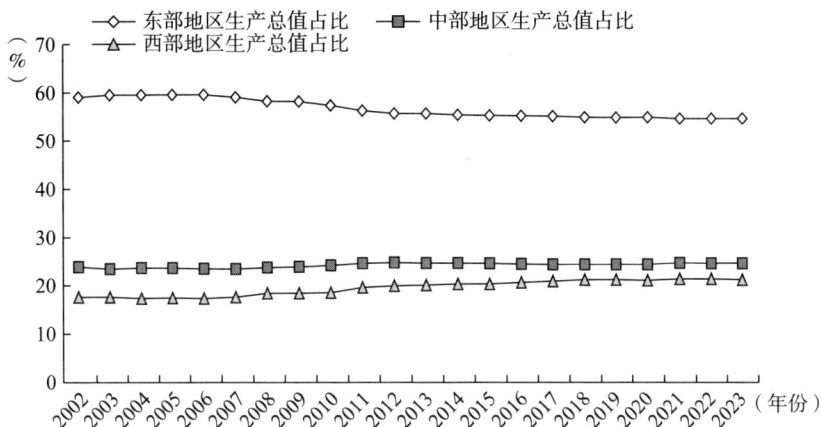

图 3-7　2002~2023 年我国三大地区生产总值占比变动趋势

资料来源：根据 2002~2023 年《中国统计年鉴》及各省份统计年鉴计算得出。

下降，2023 年下降到 43.05%。东部地区的第三产业在这一时期稳步发展，值得注意的是，2013 年第三产业占比为 47.10%，首次超过第二产业的 46.60%，2023 年达到了 50.40%。这些都表明了东部地区产业结构不断调整和产业升级稳步推进，也从侧面说明了东部地区第二产业在不断向外转移。

在西部大开发战略和中部崛起战略的带领下，我国中西部地区经济产值得到不断提升。2002~2023 年，中部地区第一产业占比整体呈下降趋势，第二产业占比整体呈上升趋势，说明中部地区在承接产业转移方面起到了一定的作用。第三产业占比则在 2002~2011 年基本保持稳定，2011 年之后开始出现大幅度提升，显示出经济增长动能的逐渐转换。

西部地区第一产业占比从 2002 年的 21.20% 下降到 2023 年的 8.25%，第二产业和第三产业的比重在这一时期呈交替波动上升的趋势，第二产业在 2012 年达到了 51.50% 的倒 "U" 形拐点，

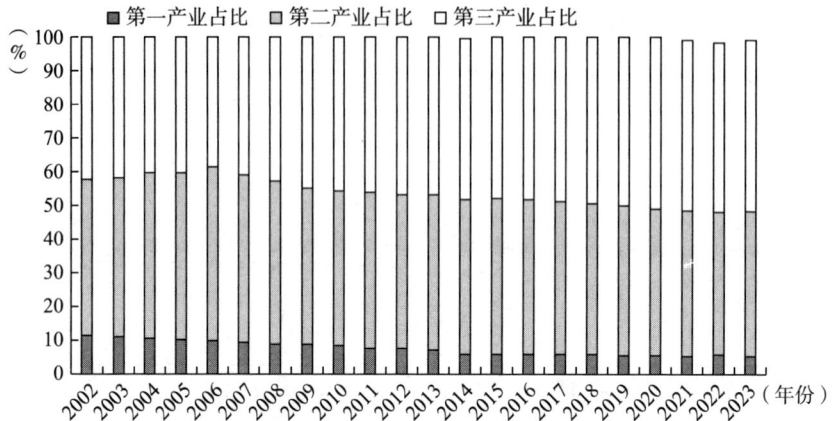

图 3-8　2002~2023 年我国东部地区三次产业占比的变动趋势

资料来源：根据 2002~2023 年《中国统计年鉴》及各省份统计年鉴计算得出。

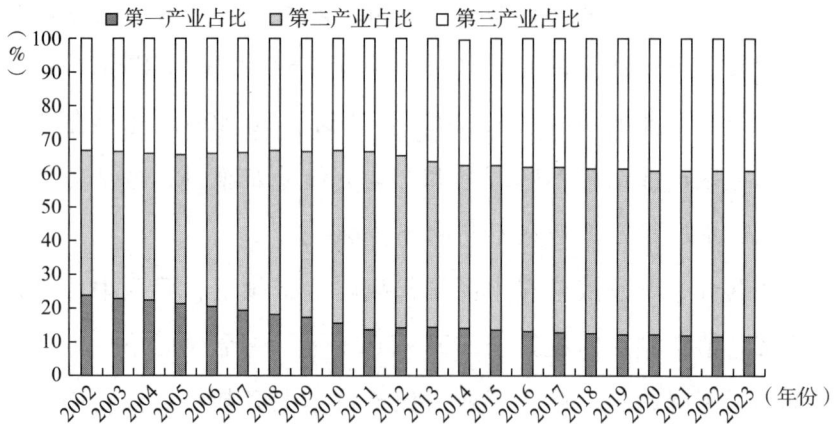

图 3-9　2002~2023 年我国中部地区三次产业占比的变动趋势

资料来源：根据 2002~2023 年《中国统计年鉴》及各省份统计年鉴计算得出。

这些现象说明我国西部地区在承接产业转移方面发挥的作用十分突出。2023 年，西部地区第二产业和第三产业的占比均超过 44.00%。

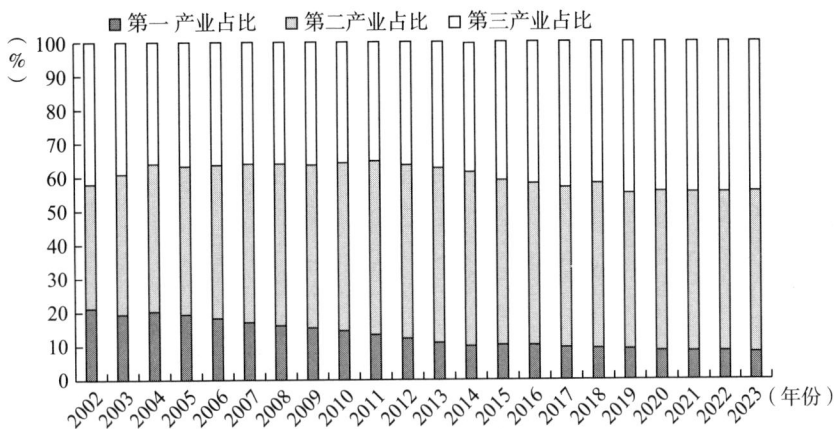

图 3-10　2002~2023 年我国西部地区三次产业占比的变动趋势

资料来源：根据 2002~2023 年《中国统计年鉴》及各省份统计年鉴
计算得出。

2002~2023 年，我国的经济得到了飞速发展，国家实力稳步
上升，许多国际产业纷纷转移到我国。数据显示，这些国际产业
大多转移至我国中西部地区。一方面，2002 年我国对外直接投资
流量为 527.43 亿美元，2023 年我国对外直接投资流量高达
1772.9 亿美元（见图 3-11）。国际产业的转移，为我国人民提供
了众多的就业机会，提高了人民收入和生活水平，同时促进了我
国出口贸易业务的发展，提升了我国的经济实力。

另一方面，2002~2023 年，我国中西部地区，特别是西部地
区的 FDI 总体呈现增长趋势，东部地区地理位置优越，经济实力
强大，所以 FDI 虽有波动但东部地区在引进外资方面仍占主体地
位。中部地区 FDI① 从 2002 年的 18.27 亿美元增长到 2023 年的

---

① 各省份的 FDI 统计口径与国家统计局不完全一致，出现加总后数值不匹配现象，所以
无法有效计算出各地区 FDI 占全国的比重。

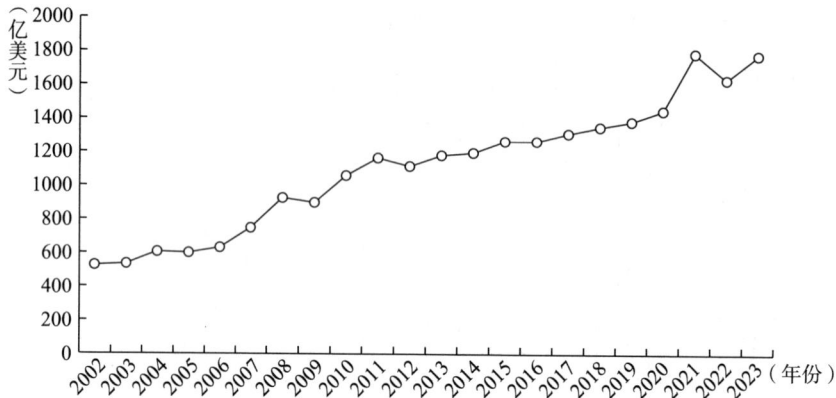

图 3-11　2002~2023 年我国对外直接投资流量的变动情况

资料来源：2002~2023 年《中国统计年鉴》及 2003~2023《中国对外直接投资统计公报》。

271 亿美元，总体呈现增长趋势。西部地区 FDI 总体呈现稳中有升趋势，2002 年，西部地区 FDI 只有 63.78 亿美元，但 2013 年，西部地区 FDI 超过 600.00 亿美元（见图 3-12）。这表明，产业转移不仅能够帮助中西部地区实现经济快速发展，还能促使我国东部地区有更多的时间和空间去发展高新技术，从而提高产业的核心竞争力。

二　产业转移的现状分析

我国统计部门的人口数量统计、土地利用率统计等工作，为国家政策的出台提供了大量的数据支持，但是对区域间的产业转移部分，统计部门目前还未得出具体的规模数值。因此，为了能够更好地进行分析，本书采取统计方法构建合理的产业转移指标。当前的测量方法包括直接测量法和间接测量法。直接测量法是指利用国家信息中心发布的区域投入产出数据，构建产业转移

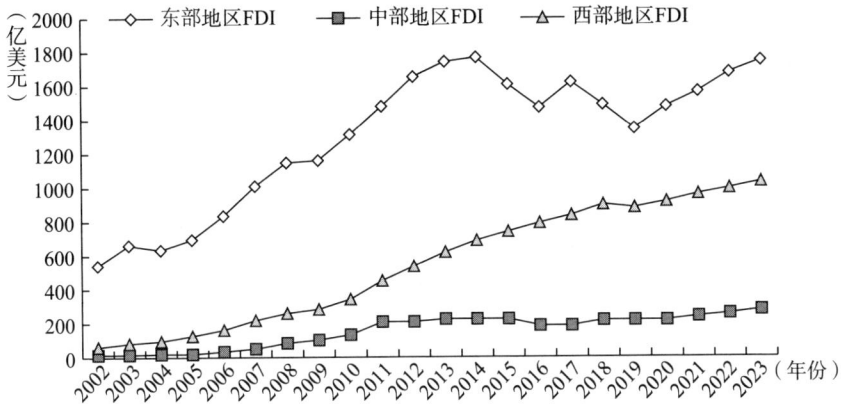

图 3-12　2002~2023 年以 FDI 衡量的我国三大地区产业转移变动情况

注：中部地区中，吉林省 2019~2020 年 FDI 数据有所缺失，采用平均增长率补齐法补全。

资料来源：根据 2002~2023 年各省份统计年鉴、2003~2023《中国对外直接投资统计公报》等计算得出。

指标。然而无论是官方还是科研机构发布的数据都有一定的间隔年限，缺乏连续性，无法用这些数据去研究每年的产业转移情况，因此不适合对影响因素等问题进行因果分析。间接测量法是指构建综合指标，以此衡量产业转移水平。很多学者会利用区位熵方法对产业转移水平进行衡量，如覃成林等（2013）通过对区位熵的分析计算出产业转移相对量，然后将区域间的经济指标作为权重，得到两个地区产业的相对转移量，最后减去产业转移相对量就得到了产业转移的相对净流量，以此来对区域转移的方向和流量大小进行衡量。孔凡斌等（2017）将固定资产投资作为研究重点，结合某个行业的固定资产在我国总资产中所占的比重，以及某一城市工业投资占全国各行业总投资的比重，构建"固定资产投资转移指数"，计算江西省承接产业转移的规模。因此，参考上述文献，本书同样利用区位熵方法，用各地区产业产值在全国总产值中所占的比重来反映产业的转移水平。

为了能够对产业转移动态特征进行仔细观察，本书利用了区位熵的原理，采用间接测量法构建产业转移的综合指标。区位熵主要指的是计算某个区域某个特定行业产值在整体的待研究区域内行业产值中所占的比重和该地区全行业的产值在整体的待研究区域内全行业产值中所占的比重，然后得出两个比重的比值。具体计算公式为：

$$Q_{ij} = \frac{Y_{ij} / \sum_{i=1}^{n} Y_{ij}}{\sum_{j=1}^{m} Y_{ij} / \sum_{i=1}^{n} \sum_{j=1}^{m} Y_{ij}} \tag{3-5}$$

公式（3-5）中，i 代表第 i 个区域（$i=1$，2，3，…，n）；j 代表第 j 个行业（$j=1$，2，3，…，m）；Y_{ij} 代表第 i 个区域第 j 个行业所生产的产值；Q_{ij} 则表示第 i 个区域第 j 个行业的区位熵。

随着时代发展，我国的经济水平不断提高，区域差异以及要素禀赋差异，为我国的产业跨区域转移提供了良好的条件。当前我国的产业转移主要发生在劳动密集型行业，产业转移过程中转移最多的就是资本与技术。本书主要从量化产业转移的角度出发，将转移分为国内转移、国际转移与整体产业转移；替代变量为其他的比重值，如境内省外投资占全社会固定资产投资的比重、外商直接投资占全社会固定资产投资的比重、境内省外投资与外商投资之和占全社会固定资产投资的比重等，最后利用区位熵方法确定产业的转移水平。

本书获取指标数据的来源主要是历年《国民经济和社会发展

统计公报》、《中国统计年鉴》、各省份统计年鉴以及各省份商务厅的数据与招商局的官方数据。为了能够真实反映外商投资变化，本书根据当年美元的人民币兑换汇率将外商投资额单位换成人民币。同时，为了避免价格对数据产生影响，本书利用 GDP 平减指数获得外商投资的真实数额。本书选取 2003~2017 年的数据，并继续对全国进行东部、中部、西部地区的划分。根据公式（3-5），得出 2003~2017 年我国全国范围及东部、中部、西部地区的产业转移综合指数，综合指数越大，表示承接产业转移的规模越大（见表 3-9）。

表 3-9　2003~2017 年我国全国范围及东部、中部、西部地区的
产业转移综合指数

年份	全国范围	东部地区	中部地区	西部地区
2003	0.5997	0.6512	0.5681	0.5365
2004	0.6177	0.6387	0.5924	0.5933
2005	0.6239	0.6449	0.6171	0.6329
2006	0.6318	0.6385	0.6032	0.6354
2007	0.6288	0.6621	0.6324	0.6771
2008	0.6593	0.6479	0.6197	0.6823
2009	0.6833	0.6610	0.6782	0.7637
2010	0.7104	0.6632	0.6813	0.7889
2011	0.7421	0.6935	0.7097	0.8319
2012	0.6474	0.6301	0.6114	0.6742
2013	0.6277	0.6254	0.6172	0.6678
2014	0.6311	0.6277	0.6231	0.6594
2015	0.6493	0.6421	0.6377	0.6639
2016	0.6582	0.6497	0.6354	0.6701

年份	全国范围	东部地区	中部地区	西部地区
2017	0.6408	0.6485	0.6478	0.6372

2003~2017 年，我国中西部地区借助东部地区比较先进的技术和充裕的资金，得以顺利开展产业转移和升级工作，并逐渐缩小与东部地区间的发展差异（见图 3-13）。

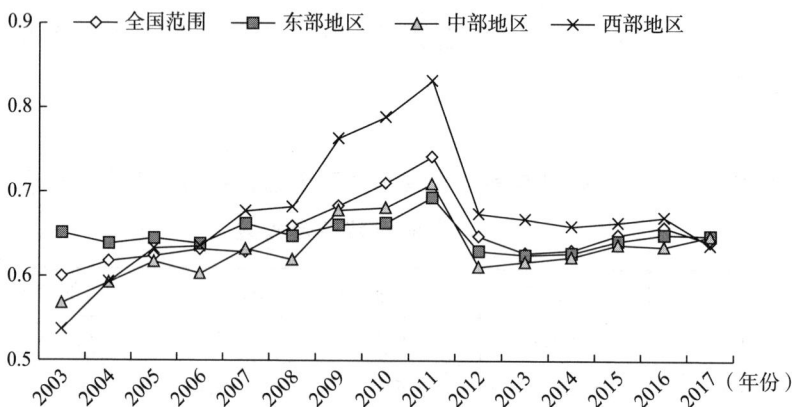

图 3-13　2003~2017 年我国全国范围及东部、中部、西部地区的产业转移水平

第三节　区域协调发展的演进历程及现状分析

一　区域协调发展的演进历程

几乎每个国家在发展中都会经历这样一个过程——非常落后、赶超、追赶更高水平，在此过程中后发国家可以完成两个任务：一是促进经济发展水平逐渐从低向高的方向发展，这一发展任务主要体现了国家对经济发展效率的追求；二是经济发展要保持相对平衡，防止经济与社会发展之间出现差距，这是对社会公平的追求。然而，无论是从经济发展实践的角度看，还是从区域经济学理论的角度看，培育增长极均是促进区域经济发展的最佳途径，但这种方式是以牺牲公平为代价的。从经济发展协调程度以及经济发展水平的角度看，区域协调发展呈现"U"形变化特点，且可以划分为以下几个阶段：低水平协调发展、非协调发展、转型协调发展、高水平协调发展（李兰冰，2020）。区域协调发展四阶段的判断标准与特征如表3-10所示。

表3-10　区域协调发展四阶段的判断标准与特征

阶段划分	判断标准		其他特征	
	协调发展程度	经济发展水平	产业发展	技术发展
低水平协调发展阶段	落差并不明显	经济欠发达	劳动密集型	远离前沿界面
非协调发展阶段	落差趋于加大	经济水平快速提升	劳动及资本密集型	技术引进与创新
转型协调发展阶段	落差十分明显	中等收入水平	资本及技术密集型	自主创新驱动
高水平协调发展阶段	落差显著收敛	发达经济体	技术及知识密集型	贴近前沿界面

资料来源：李兰冰：《中国区域协调发展的逻辑框架与理论解释》，《经济学动态》2020年第1期。

我国在发展的过程中，一直以区域协调发展为战略目标，区域协调发展始终遵循后继追赶的原则。从上述四个阶段的发展状况我们可以看出，我国区域协调发展目前处于转型协调发展阶段，我们还需要不断努力，朝着高水平协调发展阶段前进。

第一，我国的低水平协调发展阶段是在1949～1978年的均衡发展战略时期。这个时期为中华人民共和国成立初期，受各种因素影响，经济水平较低。

第二，非协调发展阶段的本质是各个地区的经济发展速度不同，1979~1998 年，改革开放政策对东部沿海地区来说是一大机遇，在此情况下我国东部沿海地区的经济得到快速发展。

第三，区域协调发展战略的启动期和深化期分别为 1999~2011 年和 2012~2017 年，这两个时期都属于转型协调发展阶段。在这一阶段我国主要采取了四大板块和三个支撑带战略①方法，区域发展表现为由平衡到不平衡再到协调的演变形式，大规模投资和技术进步是我国从非协调发展阶段向转型协调发展阶段过渡的主要驱动力。

第四，2017 年至今属于从转型协调发展阶段向高水平协调发展阶段的过渡时期。党的十九大报告对促进区域协调发展作出重要部署，提出了在促进区域协调发展的基础上提高经济发展质量的方向。在不改变原来城市体系、空间关系以及原有要素分布的情况下，目前的利益格局与行政壁垒是很难被打破的，需要进行机制创新和体制创新。为协调区域利益关系和优化区域分配格局，我国需要进行转型，加快从转型协调发展阶段向高水平协调发展阶段转变。

党的二十届三中全会通过的《中共中央关于进一步全面深化改革 推进中国式现代化的决定》（以下简称《决定》）中明确指出，要"完善实施区域协调发展战略机制"，鲜明指出了在进一步全面深化改革、推进中国式现代化过程中促进区域协调发展的

---

① 四大板块战略是指要大力建设西部地区、东北地区、东部地区和中部地区；三个支撑带战略是指建设"一带一路"、推动京津冀协同发展，以及建设长江经济带。

关键所在。从总体上来看，区域协调发展战略的实施是促进中国经济发展的有效举措。新征程上，我国依旧面临着地区禀赋差异显著等原因引起的区域发展不均衡问题。区域协调发展是高质量发展的重要推动器，也是推进中国式现代化的必然要求和重要手段。因此，从全面建成社会主义现代化强国的目标出发，促进区域协调发展具备更加深刻的理论内涵和现实要求。

总体来说，我国在促进区域协调发展方面积累了丰富的经验。

第一，突出了区域协调发展的重要地位。自新中国成立以来，根据不同发展阶段出现的区域发展新问题，我国采取了针对性的区域发展战略。1978 年之前，采取了区域均衡发展战略，着力解决沿海和内陆地区间生产力不平衡的问题；1978 年改革开放到 21 世纪之前，强调效率优先，集中力量发展社会生产力。1991～2005 年，区域发展差距进一步扩大。随后，中央逐步从地区发展实际情况出发，注重解决地区间发展不平衡问题，区域协调发展开始出现在中央文件中。党的十五大报告提出要"发挥各地优势，推动区域经济协调发展"，党的十六大报告再次强调"促进区域经济协调发展"。同时，中央出台了西部大开发、东北振兴、中部崛起、东部率先发展等战略。新时代，以习近平同志为核心的党中央突出强调协调发展的重要性，出台了一系列促进区域发展的政策举措，我国区域协调发展取得了显著的成就。但是不容忽视的是，面对复杂多变的外部环境和新的矛盾变化，区域发展不平衡问题依旧存在，主要表现为东西部地区发展不平衡、城市间发展不平衡、城乡发展不平衡等。因此，在推进中国式现代化的进程中，区域协调发展战略十分重要。

第二，完善了区域协调发展的整体框架。党的十八大以来，我国出台的区域发展政策、战略等已经基本覆盖了从南到北、从东到西的广阔地理范围。从东向西看，持续强调"四大板块"的发展，并在新时代的发展背景之下，结合板块发展状况，赋予了"四大板块"新的发展任务。对西部地区提出了构建"新格局"的要求，对东北地区提出了取得"新突破"的要求，对中部地区提出了打造"新增长极"的要求，对东部地区赋予了"走在前列"的要求。《决定》中再次强调"健全推动西部大开发形成新格局、东北全面振兴取得新突破、中部地区加快崛起、东部地区加快推进现代化的制度和政策体系"，明确了以制度、政策为重点来促进各板块发展目标的实现。从南向北看，强调重点区域的引领带动作用，通过粤港澳大湾区、长三角、京津冀三大重点区域建设，充分利用其发展优势，持续发挥其辐射带动作用，形成以大带小、以小促大的多极化城市发展格局，《决定》中提出"推动京津冀、长三角、粤港澳大湾区等地区更好发挥高质量发展动力源作用"，进一步指明了重点区域在整个国家战略中的地位。从空间关联来看，《决定》中强调"优化长江经济带发展、黄河流域生态保护和高质量发展机制"，明确了下一步各流域发展需要重点解决的问题。从空间支撑节点来看，中央采用由点到面、先行先试等做法，批准设立了一批综合改革试验区、自由贸易试验区、国家级新区、城市群等重要功能平台，国家发展和改革委员会批复了南京、武汉、西安等国家级都市圈，从国家层面明确了地方在区域协调发展中的重点和方向，避免出现"一城独大""一市独大"的发展局面。

第三，增加了区域协调发展战略的主动性。一方面，注重发挥地区优势，打造新的增长极。过去提出的区域协调发展战略主要是为了解决经济发展落后的问题，所以，西部大开发、东北振兴、中部地区崛起等战略都是在板块发展落后、发展动力不足的背景下提出的；而现在的区域协调发展战略以东北全面振兴、西部大开发、中部加快崛起、东部现代化为依托，继续加快推动各地区间的协调发展，同时增加了京津冀协同发展、长江经济带发展、长三角一体化发展等重大区域发展战略，并在此基础之上，持续放大先行区域的发展优势，赋予其新的发展使命。《决定》中提出的"高标准高质量推进雄安新区建设，推动成渝地区双城经济圈建设走深走实"，则是着重强调了区域增长极的发展方向。另一方面，要求打破行政区域的限制。在经济高速增长阶段，我们对区域协调发展战略的认识只停留在经济层面，而不是关注在市场竞争条件下的比较优势。在高质量发展阶段，坚持区域协调发展，能够避免出现重经济增长、轻社会进步，重效率、轻公平，重物质成果、轻人本价值，重眼前利益、轻长远福祉，重局部、轻全局等问题；打破地区间的行政壁垒，能够建立全国统一大市场，促进要素的自由流通。

第四，推进中国式现代化建设也对区域协调发展提出了新的要求。党的十八大以来，中央提出了区域发展总体战略、区域重大发展战略、区域协调发展战略等。党的二十大报告提出的中国式现代化的内容，涉及经济、社会、政治的方方面面，未来也会体现在区域协调发展的各个维度上。可以说，在推进中国式现代化的进程中，需要解决的众多问题也会影响到区域协调发展。

一是人口规模巨大的现代化强调在区域协调发展中一个都不能掉队。中国式现代化的实现离不开每一个人，也必须确保每一个人都能享受中国式现代化的发展成果。区域协调发展战略就从空间角度出发，在调动人民积极性创新方面给予了现代化合理的答案，根据不同区域的发展阶段和发展实际，确定了不同的发展目标，形成了联动效应，提高了现代化的实现效率。因此，推进中国式现代化过程中的区域协调发展，必然是以人民为中心的、深具中国特色的新的发展形态。

二是全体人民共同富裕要求解决区域发展不平衡不充分问题。共同富裕反映了人民群众的美好向往，是人民群众自由发展的物质基础。共同富裕的实现，要从整体角度出发，充分考虑区域发展不平衡不充分问题。从区域角度来看，我国地域辽阔、地形多样、气候复杂，所以，全体人民共同富裕的实现，需要解决区域发展不平衡不充分问题。

三是物质文明和精神文明共同进步，要求坚持区域协调发展。相较于西方的现代化模式，中国式现代化丰富和发展了现代化模式，在原本追求物质文明发展的基础之上，强调了精神文明在现代化中的重要性。在区域发展范畴内，人们对经济建设、社会建设、文化建设等方面有了更高要求。所以，中国式现代化与区域协调发展的要求存在高度的契合性，不仅要求经济发展，还要求城市管理、公共服务等方面协调发展。

四是人与自然和谐共生的现代化，要求坚持区域协调发展。回顾我国经济发展历程，可以发现我国吸取了西方国家发展的历史经验教训。坚持绿色发展，既可以满足人民对美好生活环境的发展要求，又能够兼顾经济发展与生态保护，为解决区域发展不平衡不充分问题提供了新思路。

五是走和平发展道路的现代化，要求突出区域协调发展。区域协调发展战略综合考虑了国内各地区情况以及国际关系等，不仅突出了我国区域协调发展的重点，明确了我国区域协调发展的方向和目标，也强化了我国与其他国家的合作交流，释放了其他国家的发展活力，形成了各国共同发展、相互促进的良好局面。

二 区域协调发展的现状分析

目前，对区域经济发展差距的测量，有两种思路。第一种是以静态平衡发展理念为基础，用横断面的方式对区域间经济水平差异进行分析。第二种是根据区域间经济发展差距动态趋同的要求，用区域经济增长速度在垂直时间水平上的变化来反映区域经济发展差距的变化。基于区域协调发展政策的有效性、动态性和可持续性，很多学者利用第二种思路对区域经济发展差距进行测量，即利用收敛方程分析区域经济增长存在的收敛性，然后动态分析区域经济发展差距的变化。例如，覃成林（2004）以 1978~1990 年作为研究周期，对我国区域经济增长变化进行了分析，认为中国实际上是具有趋同性的，趋同率为 9%；林毅夫和刘明兴（2003）则通过对我国各省份经济收敛率进行计算，得出各省份收敛率是 17.6%。此外，潘文卿（2010）、史修松和赵曙东（2011）、陈得文和陶良虎（2012）、文余源和于俊雅（2015）、吕冠桥（2018）、李钧宇（2020）等学者也分析了我国区域经济发展差距的变化。在这一部分，本书也将通过构建收敛模型的测量方法来分析我国区域经济发展差距的变化，以此来衡量区域协调发展的现状和变化。

新古典经济学认为，生产要素的区域差异是造成区域经济发展差距的直接原因，由要素边际收益递减引起的区域差异会吸引要素在区域间流动，从而促进提升落后地区的经济增长率。美国经济学家威廉·杰克·鲍莫尔（William Jack Baumol）利用新古典经济学模型构建了 β 收敛模型。具体思路是，当区域间经济发展的初始水平与当前经济增长率呈负相关时，即落后地区的经济增长率高于发达地区时，区域间经济增长呈现趋同趋势，具体计算公式为：

$$\hat{y}_i = \partial_i + \beta y_{i0} + \mu_i \tag{3-6}$$

公式（3-6）中，$\hat{y}_i$ 为区域 i 的平均人均经济增长率，y_{i0} 为区域 i 初始的人均经济总量。当 $\beta < 0$ 时，表示存在收敛。此后，在鲍莫尔理论的基础上，收敛方程最终演变为：

$$\frac{1}{T-t}\mathrm{Ln}(\frac{y_{iT}}{y_{it}}) = x_i^* + \frac{1-e^{-\beta(T-t)}}{T-t}\mathrm{Ln}(\frac{\hat{y}_i^*}{\hat{y}_{it}}) + \mu_{it} \tag{3-7}$$

处于稳定状态的人均增长率 $\hat{y}_i^*$ 和人均经济总量 y_{it} 为固定值，则公式（3-7）可变形为：

$$\frac{1}{T-t}\mathrm{Ln}(\frac{y_{iT}}{y_{it}}) = \beta - \frac{1-e^{-\beta(T-t)}}{T-t}\mathrm{Ln}(y_{it}) + \mu_{it} \tag{3-8}$$

对公式（3-8）进行简化和变形，能够得到关于 β 收敛的经典回归方程：

$$\mathrm{Ln}(\frac{y_{iT}}{y_{it}}) = \alpha + \rho \mathrm{Ln} y_{it} + \mu_{it} \tag{3-9}$$

公式（3-9）中，ρ 代表经济发展水平和经济增长速度的相关关系，当该数值大于零时，就表示经济增长速度很快，具有收敛特点。此时，收敛速度为：

$$\beta = - \mathrm{Ln}(1 + \rho)/(T - t) \tag{3-10}$$

在实际计算中，不同地区的开发条件和资源禀赋不同，收敛结果也因此不具有收敛性。为了进一步开展研究，在实际算法中将和本区域发展相似的区域作为研究对象，并利用计算公式进行计算，得出公式（3-11）：

$$\frac{1}{T - t}\mathrm{Ln}\left(\frac{y_{iT}}{y_{it}}\right) = \beta - \frac{1 - e^{-\beta(T-t)}}{T - t}\mathrm{Ln}(y_{it}) + D(i) + \mu_{it} \tag{3-11}$$

由于面板数据在自由度和对象异质性方面具有优势，以及为了保持前后文研究尺度的一致，本书继续采用 2003~2017 年的省际面板数据进行计算。具体计算时，分别对 2003~2017 年、2003~2010 年、2010~2017 年三个时间段的区域发展收敛性进行了估计。根据公式（3-11）得出测算结果（见表 3-11）。

表 3-11 2003~2017 年我国区域发展收敛性分时间段估计

项目		2003~2017 年	2003~2010 年	2010~2017 年
常数项	数值	−0.2242*	−0.5821*	−0.1433**
	t 检验	−3.3124	−3.5849	−5.4628
$\mathrm{Ln}y_{it}$	数值	0.0317**	0.0796*	0.0044*
	t 检验	6.1782	4.7135	4.9763
修正 R^2		0.2573	0.2201	0.2138
F 检验		3.5298	1.4167	23.7834
收敛速度 β		−0.0457	−0.0816	−0.0042
模型类型		固定效应	固定效应	随机效应

注：* 和 ** 分别表示在 10% 和 5% 的水平下显著。

2003~2017 年，我国各省份经济的发展状况呈现发散状态，并没有形成趋同状态。结合我国实际的经济发展状况以及宏观政策的变化，我们进一步考察了 2003～2010 年和 2010～2017 年两个时间段。其中，2003～2010 年各省份的经济呈现发散状态且发散速度较快，而 2010～2017 年也呈现发散状态，但是发散速度明显减缓，说明各省份的经济发展状况依旧存在较大差距，但是差距在逐渐缩小，证明区域协调发展战略发挥了一定成效。

结合我国当前发展背景和宏观政策变化，本书对我国的区域协调发展进行现状分析发现，自新中国成立以来，为了实现发展目标，我国推出了很多政策。改革开放后，我国的发展目标开始变为大力推动经济建设，国民经济水平得到了提高。在颁布了一系列的相关政策后，东部地区的经济一直保持较快的发展速度。区域公共服务以及经济水平差异都成为我国需要解决的问题。在此背景下，我国从 1999 年开始进入转型协调发展阶段，出台了很多的区域发展战略规划以及点轴型发展规划，推动了中西部地区的发展。此外，国务院还出台了一系列促进协调发展的具体措施，包括《国务院关于中西部地区承接产业转移的指导意见》等。

对计算结果进行分析，可以看到 2003～2017 年，我国的区域经济增长并没有走向趋同，表示我国区域经济发展差距仍较大，如何促进区域经济趋同是这一发展阶段亟须解决的问题。对阶段测算结果进行分析发现，2003～2010 年省际经济呈现发散状态，2010～2017 年省际经济发散速度明显减缓。

总而言之，2003～2017 年，我国的区域经济增长呈现发散状态，表示我国各省份的经济发展状况仍存在较大的差距，但在 2010～2017 年发散速度明显降低，说明区域协调发展战略发挥了一定成效。如何进一步促进区域协调发展将是接下来全面深化改革的重点工作。

第四节　小结

本章对环境规制、产业转移与区域协调发展的演进历程进行了总结，并对三者的现状进行了分析，得出以下主要结论。

第一，关于环境规制的演进历程及现状分析。一方面，环境规制可以分为显性环境规制（命令控制型环境规制、市场激励型环境规制、公众参与型环境规制）和隐性环境规制；同时，我国环境规制大致经历了以下三个不同时期：1972~1991 年的起步阶段、1992~2001 年的成长阶段、2002 年至今的现代化阶段。2002~2023 年，我国环境污染治理投资总额整体呈增加趋势，其中，占比最大的为城市环境基础设施建设投资，二者增长趋势基本一致；我国建设项目"三同时"环保投资总额呈现显著的连续倒"U"形特征，我国老工业污染源治理投资相对稳定。另一方面，环境规制指标测度结果显示，2003~2017 年，我国全国范围及东部、中部、西部地区的环境规制综合指数整体呈上升的趋势，其中，东部地区的环境规制综合指数较高。从增长角度看，东部地区的环境规制综合指数增长幅度不及中西部地区，这说明全国范围内环境规制水平正在趋于相同，也进一步说明我国政府部门对生态环境保护工作的重视程度有所增加，并且积极采取各项制度化措施，为环境治理工作的实施提供了重要的制度保障。

第二，关于产业转移的演进历程及现状分析。2002~2023 年，从我国三大地区生产总值占比变动趋势来看，东部地区生产总值占比较高。同时，从东部、中部、西部地区三次产业占 GDP

比重的变动来看，上述三个地区中，第二产业的占比均较高，与之相比，第一产业的占比总体处于下降态势，第三产业占比则在总体上呈增长趋势。另外，我国中西部地区，特别是西部地区的FDI也在总体上呈现增长趋势。一方面，产业转移的指标测度结果显示，2003~2017年，我国全国范围的产业转移综合指数有所上升，中西部地区承接的产业转移水平有了本质的提高，这为东部地区的产业转移提供了重要的营商环境；另一方面，中西部地区为了更好地承接产业转移，不断加大对地区基础设施建设的投入力度，为跨区域产业转移合作提供了良好的内外部环境。

第三，关于区域协调发展的演进历程及现状分析。一方面，依据区域协调发展四阶段的判断标准与特征，我国从低水平协调发展阶段过渡到转型协调发展阶段，目前正在朝着高水平协调发展阶段迈进。另一方面，本书分别对2003~2017年、2003~2010年和2010~2017年三个时间段的区域发展收敛性进行了估计。其中，2003~2010年各省份的经济呈现发散状态且发散速度较快，2010~2017年虽然也呈现发散状态，但是发散速度明显减缓，说明各省份的经济发展状况依旧存在较大差距，但是差距在逐渐缩小，表明区域协调发展战略取得了一定成效。目前，如何进一步缩小区域间经济发展差距依旧是当下全面深化改革过程中的重中之重。

第四章

环境规制影响产业转移的实证研究

本书的第二章分析了环境规制影响产业转移的机制，提出了第一个命题，即环境规制通过"成本增加效应"和"创新补偿效应"，可以有效推进产业的区域间转移。本章将分别从理论模型和实证模型的角度，对此命题进行检验，为我国相关政策建议的提出，提供初步的现实依据。

第一节　环境规制影响产业转移的理论模型

环境规制会增加企业的生产成本，促进企业改进生产技术或进行区位转移。本节将在前期文献综述和理论基础的基础上，构建环境规制影响产业转移的理论模型，并对环境规制和产业转移之间的相互作用进行分析。需要指出的是，本书所使用的部分理论模型以钟茂初等（2015）分析环境规制和产业升级影响时所构建的理论模型为基础。

假设一个经济体有两个地区，即 A 地区和 B 地区。A 地区和

B 地区有大量同质企业，A 地区的企业生产两种产品，一种是污染型产品，另一种是清洁型产品。企业选择生产的污染型产品和清洁型产品的数量是固定的，不能相互转化。污染型产品的生产成本为 η_1，清洁型产品的生产成本为 ζ。由于环境规制的影响，污染型产品的价格和销量在 A 地区和 B 地区存在差异，而清洁型产品的价格和销量在两个地区是相同的。污染型产品在 A 地区的售价为 P_1，销量为 Q_1；在 B 地区的售价为 P_2，销量为 Q_2。清洁型产品的价格为 P_S，销量为 S。假设企业投入的生产成本总和为 K，其中，污染型产品的生产成本为 βK，清洁型产品的生产成本为 $(1-\beta) K$，$0<\beta<1$。A 地区企业生产的产品既销往 A 地区内部，也销往 B 地区。假设跨地区销售产品不产生额外成本，且企业抱有利润最大化的经营理念，则企业所获利润总额为：

$$Max\pi = P_1Q_1 + P_2Q_2 + P_sS - [\eta_1\beta + \zeta(1 - \beta)] K \qquad (4-1)$$

随着环境规制力度的提升，企业将面临三种情况：接受生产成本的增加；改进生产技术，提高污染型产品的清洁度；将产业转移到环境规制力度较弱的地区。

情况一：接受生产成本的增加。

当环境规制力度不断加大时，企业需要在环境治理方面投入更多的成本。如果 A 地区加大了环境规制力度，但是 B 地区并没有对环境规制力度进行调整，那么，与 B 地区企业的生产成本相比，A 地区企业在生产污染型产品时的成本就会由原来的 η_1 增加为 $\eta_1+\varphi$，$\eta_1<\eta_1+\varphi$。反之，清洁型产品不涉及环境污染问题，不需要增加环境污染治理的成本，所以清洁型产品的成本不会发生变化。那么，在 A 地区企业依旧维持原有的生产模式不改变的情

况下，企业所获得的利润总额将会变为：

$$\pi_1 = P_1 Q_1 + P_2 Q_2 + P_S S - [(\eta_1 + \varphi)\beta + \zeta(1-\beta)] K \qquad (4-2)$$

公式（4-2）中，如果 $\pi_1 > 0$，那么环境规制力度的加大将增加企业的生产成本，但是增加的成本依旧处于企业能够接受的范围内；如果 $\pi_1 < 0$，且 A 地区企业不对生产模式进行调整，此时就会出现第二种情况。

情况二：改进生产技术，提高污染型产品的清洁度。

环境规制力度的变化对清洁型产品生产成本的影响非常有限，所以 A 地区加大环境规制力度并不会影响清洁型产品的利润率，而该地区污染型产品的利润率则会由于生产成本上升而下降。因此，A 地区的企业往往会在确保企业利润总额不受过多影响的前提下，选择扩大清洁型产品的生产规模。但是需要指出的是，本书的假设是企业选择生产的生产型产品和污染型产品的数量是固定的，并且不能进行相互转化。那么就排除了企业通过扩大清洁型产品生产规模来获取利润的可能性。为此，企业不得不依靠技术革新，特别是对污染型产品的生产技术进行改进，从而提高污染型产品的清洁度，进一步降低环境规制对污染型产品生产成本的影响。基于上述情况，我们假设企业对生产工艺进行改进，将污染型产品的生产成本表示为 $\beta' K$，清洁型产品的生产成本依旧表示为 $(1-\beta') K$。A 地区的污染型产品销量为 Q'_1，B 地区的污染型产品销量为 Q'_2，清洁型产品销量保持为 S'。此时企业能够获取的利润总额为：

$$\pi_2 = P_1 Q'_1 + P_2 Q'_2 + P_S S' - [\eta'_1 \beta' + \zeta(1-\beta')] K \qquad (4-3)$$

公式（4-3）中，如果 $\pi_2 > \pi_1$，表示企业无力承担因为环境规制力度加大而导致的生产成本增加问题，此时改进生产技术是最佳的选择；如果 $\pi_2 < \pi_1$，表示企业即使改进生产技术，也无法获得足够的利润，那么就会出现第三种情况。

情况三：将产业转移到环境规制力度较弱的地区。

如果 A 地区加大了环境规制力度，但是 B 地区并没有对环境规制力度进行调整，在这样的前提下，A 地区的企业会选择将其污染型产品的生产线转移至 B 地区，这样能够有效保障利润率。如果将所有污染型产品的生产线全部转移至 B 地区，那么 A 地区企业污染型产品的生产成本将全部转移至 B 地区，表示为：

$$\pi_3 = P_1 Q_1 + P_2 Q_2 + P_S S - [\eta_2 \beta + \zeta(1-\beta)] K \tag{4-4}$$

公式（4-4）中，当 $\pi_3 < 0$，说明企业利用产业转移可以保障利润率，当 $\pi_3 > \pi_2$ 且 $\pi_3 > \pi_1$ 时，说明企业可以通过产业转移的方式获得最高的利润率，那么就涉及一个问题，即环境规制力度对产业转移影响的"临界点"是什么？

如果 $\eta_2 > \eta_1 + \phi$，企业会利用产业转移来尽可能避免企业利润率下降；如果 $\eta_2 < \eta_1 + \phi$，企业通常不会选择产业转移的方式；当 $\eta_2 > \dfrac{\beta'}{\beta}(\eta'_1 - \zeta) + \dfrac{\zeta}{\beta}$ 时，企业会利用产业转移来避免改进生产技术；当 $\eta_2 < \dfrac{\beta'}{\beta}(\eta'_1 - \zeta) + \dfrac{\zeta}{\beta}$ 时，企业会选择改进生产技术，从而确保企业的利润率，但是并不会选择产业转移的方式。

综上所述，产品生产成本的不同会对企业是否选择产业转移产生至关重要的影响。企业出于效益最大化的经营理念，通常会选择合理的生产决策。

通过以上分析，可以得出环境规制对产业转移的影响主要表现为对企业生产成本的影响。政府利用环境规制对污染企业的生产成本进行调控，并利用征收污染税的方式引导企业改进生产技术，但如果企业改进生产技术的成本超出企业的承受范围，那么企业就会选择将产业转移到环境规制力度较弱的地区，以保障利润率。

在构建了环境规制影响产业转移的理论模型后，发现在环境规制下，出于利润最大化的经营理念，企业会在对比生产成本的情况下，选择最有利的生产决策，进而导致产业的转入或转出。

第二节　实证模型设定与变量说明

一　环境规制影响产业转移的实证模型

为了验证本书的第一个命题，即环境规制通过"成本增加效应"和"创新补偿效应"，可以有效推进产业的区域间转移，本书参考李梦洁和杜威剑（2014）以及刘岩（2020）的研究方法，建立以下模型来研究环境规制对产业转移的影响：

$$LnTran_{it} = C + \alpha LnEr_{it} + \beta X_{it} + \varepsilon_{it} \qquad (4-5)$$

公式（4-5）中，符号 $Tran_{it}$ 代表本书被解释变量"产业转移"。符号 Er_{it} 为核心解释变量"环境规制"，X_{it} 为一系列控制变量，包括研发投入（$Inrd$）、产业高级化水平（$SCBZ$）、经济发展水平（GNP）和外商直接投资（FDI），C 为常数项，ε_{it} 为随机扰动项。

本书所分析的各项数据均来自往年《中国统计年鉴》、《中国环境统计年鉴》、《中国环境年鉴》、《中国财政统计年鉴》、《国民经济和社会发展统计公报》及各省份商务厅和招商局的官方网站、统计年鉴等。本书选择 2003～2017 年全国 30 个省份（不包括西藏自治区、香港、澳门和台湾）的数据作为分析对象，为了解决个别数据缺失的问题，本书采用了包括插补法在内的多种数据分析方法，对数据进行必要的修正和完善。变量选取及含义如表 4-1 所示。

表 4-1　变量选取及含义

变量性质	变量名称	变量含义	计算方法
被解释变量	$Tran_{it}$	产业转移	三项指标的综合得分：外商直接投资占全社会固定资产投资的比重、境内省外投资与外商直接投资之和占全社会固定资产投资的比重、境内省外投资占全社会固定资产投资的比重
核心解释变量	Er_{it}	环境规制	四项指标的综合得分：工业烟尘去除率、工业固体废物综合利用率、工业二氧化硫去除率、工业废水排放达标率
控制变量	$Inrd$	研发投入	在设计研发投入替代变量时，将不同地区研发和实验人员规模纳入考虑范围
	$SCBZ$	产业高级化水平	在统计产业结构高级化水平时，将地区生产总值中第三产业的占比作为替代变量，其中，正向影响的程度和产业高级化水平数值之间保持正相关关系
	GNP	经济发展水平	利用不同地区的人均生产总值作为替代变量
	FDI	外商直接投资	替代变量为各个地区外商直接投资总额，其中，换算所需要的汇率则参考 2003～2017 年人民币兑换美元的汇率的平均值

第三节　实证结果与分析

根据公式（4-4），2003~2017 年环境规制对产业转移的影响关系检验结果如表 4-2 所示。

表 4-2　2003~2017 年环境规制对产业转移的影响关系检验结果

变量	$Tran_{it}$	
	(1)	
Er_{it}	0. 4270 *** （0. 0400）	0. 3690 *** （0. 0307）
$Inrd$	-0. 0790 ** （0. 0302）	-0. 0271 （0. 028）
$SCBZ$	0. 0235 （0. 0785）	0. 0611 （0. 0694）
GNP	1. 9703 *** （0. 6327）	2. 9619 *** （0. 5852）
FDI	0. 0470 *** （0. 0121）	0. 0317 *** （0. 0119）
常数项	-1. 1308 *** （0. 4414）	-1. 1150 *** （0. 4410）
R^2	0. 7881	0. 7787
时间固定效应	Yes	Yes
地区固定效应	Yes	No
模型类型	Fe	Re

注：括号内为相应的标准误，** 和 *** 分别表示在 5% 和 1% 的水平下显著。

环境规制（Er_{it}）在1%水平下大于零，说明环境规制对区域间的产业转移具有促进作用，并且这种促进作用具有显著的统计学意义。企业生产成本与环境规制力度之间呈现正相关关系，且企业竞争力会随着企业生产成本的增加而逐渐降低，再加上市场外部环境等因素的影响，企业为了确保足够的市场竞争优势常常会选择将产业转移到环境规制力度较弱的地区。

研发投入（$Inrd$）的回归结果表明，在固定效应模型下，其符号在5%的水平下为负，说明研发投入的增加对区域间产业转移会产生抑制作用。需要指出的是，企业科技创新能力的提升有助于自身生产效率的提高，可以进一步加强其在市场竞争中的优势，从而确保自身的竞争力。

产业高级化水平（$SCBZ$）的回归结果显示，产业高级化水平的符号为正但不显著。这说明产业升级程度可能促进了产业转移，即产业升级水平越高、产业结构越合理，在一定程度上就越能加快区域落后产能的转移，并抵制高能耗、高污染行业的转移。

经济发展水平（GNP）的回归结果表明，经济发展水平的符号显著为正，表明经济发展水平的提高显著促进了产业转移，说明一个地区的经济发展水平越高，对产业结构转型升级的需求也就越大，从而提高了产业转入或转出的效率。

外商直接投资（FDI）的回归结果表明，在1%的水平下外商直接投资的符号为正，说明外商直接投资显著促进了产业转移。

2003~2017年，我国东部、中部、西部地区环境规制与产业转移的相关性回归结果如表4-3所示。

表 4-3　2003~2017 年我国东部、中部、西部地区环境规制
与产业转移的相关性回归结果

变量	$Tran_{it}$		
	东部	中部	西部
Er_{it}	0.5740 ** (0.1221)	0.3556 ** (0.1167)	0.1891 ** (0.1301)
$Inrd$	−0.1330 (0.0422)	−0.3782 (0.1658)	−0.2004 (0.0984)
$SCBZ$	0.0841 (0.0352)	0.0732 (0.0218)	0.0761 (0.0385)
GNP	2.5613 ** (1.1231)	2.9341 ** (1.2045)	3.2984 *** (1.5208)
FDI	0.1363 *** (0.0920)	0.1400 *** (0.0805)	0.1679 ** (0.0778)
常数项	−2.4906 *** (1.6407)	−2.8672 *** (1.3620)	−2.6384 *** (1.9821)
R^2	0.7881	0.7893	0.7787
时间固定效应	Yes	Yes	Yes
地区固定效应	Yes	Yes	Yes
模型类型	Fe	Fe	Fe

注：括号内为相应的标准误，** 和 *** 分别表示在 5% 和 1% 的水平下显著。

2003~2017 年，环境规制（Er_{it}）的符号在东部、中部和西部地区均为正且都在 5% 的水平下显著，说明在东部、中部和西部地区，环境规制对产业转移均发挥了促进作用，并且这种作用具有显著的统计学意义。其中，环境规制在东部地区的系数最大，说明环境规制对产业转移的影响在东部地区最为明显。

表 4-3 的实证结论也符合我国的现实状况。我国产业转移的总体特征是从东部地区向中西部地区转移。近年来，中西部地区

凭借自身的资源禀赋优势和"中部崛起"、"西部大开发"等国家政策，成为吸引产业转移的主要地区。

第四节　稳健性检验

为了证明回归结果的稳健性，本书选择替换部分变量的方式进行检验，例如，本书对核心解释变量进行替换，将环境规制（Er_{it}）替换为工业二氧化硫去除率，重新检验其对产业转移的影响。可以发现，回归结果依然稳健，但回归系数发生了轻微变化，不过这对模型整体的稳健性并不会产生过多影响，同时也验证了本书所选指标的合理性，证明了环境规制对产业转移的影响（见表 4-4）。

表 4-4　稳健性检验

变量	$Tran_{it}$	
	（2）	
Er_{it}	0. 1307**	0. 2264**
	（0. 0803）	（0. 0780）
$Inrd$	-0. 1005**	-0. 2098
	（0. 0765）	（0. 064）
$SCBZ$	0. 4696	0. 4375
	（0. 1665）	（0. 1756）
GNP	4. 3544**	5. 2007**
	（1. 3124）	（1. 3451）
FDI	0. 1525**	0. 1645**
	（0. 3670）	（0. 4565）
常数项	-1. 3505***	-1. 2206***
	（0. 3671）	（0. 3848）

续表

变量	$Tran_{it}$	
	（2）	
R^2	0.2881	0.2787
时间固定效应	Yes	Yes
地区固定效应	Yes	No
模型类型	Fe	Re

注：括号内为相应的标准误，＊＊和＊＊＊分别表示在5%和1%水平下显著。

第五节　小结

本章首先对环境规制影响产业转移的理论模型进行了构建，其次对实证模型的设定与变量的选择进行了说明，再次进行了模型的实证检验与分析，最后进行了稳健性检验，可以总结为以下两点。

第一，构建了环境规制影响产业转移的理论模型。模型分析结果说明，生产成本的差异将决定企业是否进行产业转移，在利润率的驱动下，企业更多的还是会选择改进生产技术。政府利用环境规制对污染企业的生产成本进行调控，并用征收污染税的方式引导企业改进生产技术，但是，如果企业改进生产技术的成本超过企业的承受范围，那么企业就会选择将产业转移到环境规制力度较弱的地区，以保障利润率。

第二，实证检验了环境规制影响产业转移的模型。实证结果表明，2003～2017年，环境规制对产业转移具有显著的促进作用。随着环境规制力度的不断加大，企业生产成本也会随之增加，从而降低企业竞争力，再加上市场外部环境等因素的影响，企业为了确保足够的市场竞争优势常常会选择将产业转移到环境规制力度较弱的地区。在模型控制变量中，研发投入的增加不利于产业转移，产业高级化水平对产业转移没有显著影响，经济发展水平和外商直接投资都显著促进了产业转移。此外，从分区域回归结果来看，2003～2017年，在东部、中部和西部地区，环境规制对产业转移都有明显的促进作用。

┃第五章┃

产业转移影响区域协调发展的实证研究

本书的第二章对产业转移影响区域协调发展的机制进行了分析，发现产业转移在空间上会对转入地区和转出地区产生不同的影响，在时间上会对不同地区产生短期效应和长期效应；同时，提出了本书的第二个命题，即产业转移通过对产业转出地区和转入地区产生的短期效应和长期效应来实现区域协调发展。基于此，本章首先构建了产业转移影响区域协调发展的理论模型，其次对实证模型的设定和变量进行了说明，最后对实证结果进行分析和稳健性检验，为后续提出具体的政策建议提供现实基础。

第一节　产业转移影响区域协调发展的理论模型

在本书的第二章中，笔者梳理文献发现，不少学者认为产业转移对产业转出地区和转入地区具有短期效应和长期效应，而具有区域差异的产业转移带来的不同收益，是区域博弈的基础（魏后凯，2003；孙华平、黄祖辉，2008；王欣亮，2015；李春梅，

2021），这也是本书研究的核心内容之一，即产业转移产生的原因。结合以上内容，下面将从竞争方面剖析地方政府部门在产业转移中的博弈行为，进而构建协调发展约束下的博弈扩展模型，对产业转移影响区域协调发展的机制进行检验。

一　基于自由竞争状态的博弈基准模型

本节将建立两个地方政府部门的竞争模型，以产业转移的理论体系为基础，对地方政府部门在不同情况下竞争方法计划以及效益进行深刻的剖析，为构建协调发展约束下的博弈扩展模型提供有利条件。在相同的产业中，对转入地区与转出地区的地方提供政府部门所规划的不同方案进行相关实验分析，能够直观地呈现此产业在转入地区与转出地区的竞争效果，从而将模型标准化，扩大适用范围。模型基础假设如下。

假设 1：如果一个区域里有 D_1 与 D_2 两个地区，有产业会在这两个地区里选择一个地区落户并制订企业生产计划，在不改变模型理论基础的条件下对模型进行相应的简化，把此产业当作企业 S 做剖析判断。

假设 2：S 企业的产品在 D_1 与 D_2 地区的总需求产量是 M_i（$i=1$，2），产品销售单价是 P_i（$i=1$，2），此产品所需成本是 C_i（M_i）。S 企业在 D_1 与 D_2 地区的利润是 $R_i=P_iM_i-C_i$（M_i）。

假设 3：D_1 与 D_2 两个地区在产品生产成本方面不同，存在不同的比较优势，为简化模型，将这种比较优势差异用企业在地区间的差别化收益来表示，假设地区在产品生产成本方面的比较优势为 Z，$Z=R_1-R_2>0$。

假设 4：假设地区经济发展的目标利润为 H_i。企业发展带来的正面影响，比如促进就业、增加税收等，用 X_i 表示；企业发展所使用的要素成本以及对地区环境等方面产生的负面影响，用 Q_i 表示，即 $H_i = X_i - Q_i$，竞争博弈之后地区获得的实际利润用 Y_i 表示。

假设 5：用 $\pm T_i$ 表示在企业发展方面地方政府部门所起到的作用，用 $+T_i$（>0）来代表地方政府部门在企业发展过程中起到的支持作用；由于规章制度等，企业所产生的税务方面的支出用 $-T_i$（<0）来表示。

假设 6：D_1 与 D_2 两个地区之间的竞争行为是建立在相关信息完全共享基础上的，将区域差异化的比较优势作为双方的公共信息知识。

在以上假设的基础上，尤其是在竞争行为中信息共享的基础上，地方政府部门的效益差异以及制定的相关方案决定了竞争的平衡。地方政府部门之间可以选择竞争或者是合作。

第一，如果地方政府部门合作共事，当 D_1 与 D_2 两个地区中最多有一个地区的地方政府部门参与企业计划时，就会出现两个地区均无行动、D_1 行动 D_2 不行动以及 D_1 不行动 D_2 行动的三种情况。

①如果两个地区均无行动，根据假设 3，D_1 在竞争过程中有比较优势，在两个地区的地方政府部门均没有参与的条件下，企业会优先考虑将产业生产地落户在 D_1，那么该企业的效益是 $R_1 = P_1 M_1 - C_1$（M_1），D_1 的效益是 $Y_1 = H_1 = X_1 - Q_1$。

②如果 D_1 行动 D_2 不行动，按照以上内容两个地区均不采取行动的情况下，D_1 确定 D_2 不采取行动的时候，为了效益最大化，D_1 地区的地方政府部门会采取向企业收税（$-T_1$）的方法增加自身效益，$|T_1| \leqslant Z$。在维持平衡的前提下，D_1 以能够进行

收税的最大值 Z 收税，这时企业的效益会受到影响，即 $R_1 = P_1M_1 - C_1(M_1) - Z$，地区 D_1 获得的效益为 $Y_1 = H_1 + Z = X_1 - Q_1 + Z$。

③如果 D_1 不行动 D_2 行动，D_2 只能够采用福利补助的方法来解决区域差异形成的比较优势，从而刺激企业选择在本地区进行投资生产。在 D_1 和 D_2 都不行动的基础上，D_2 对企业采用补助的方式为 $(+T_2)$，$|T_2| \geq Z$。在维持平衡的基础上，地方政府部门为了自身的效益最大化，会采用最低的补助 Z，那么公司组织的效益为 $R_2 = P_2M_2 - C_2(M_2) + Z$，$D_2$ 效益是 $Y_2 = H_2 - Z = X_2 - Q_2 - Z$。

第二，当地方政府部门之间选择博弈时，D_1 和 D_2 都影响到企业的区位选择，按照公共信息知识中区域性的比较优势 Z 和企业组织发展给地区创造的效益 H_i 间的联系，会造成只有一个地区对企业区位选择进行干预和两个地区都干预企业区位选择两种情况。

④当仅一方采取干预行为时，若 $H_2 < Z$，则两个地区之间的博弈结果中有一种比较特殊的情况，即企业的产业发展给 D_2 创造的效益要比两个地区的比较优势要小。此时对于 D_2 而言，即便解决了比较优势 Z，但是所获得的效益依然是负数，那么 D_2 会没有办法参加地区博弈。博弈的结果是只有 D_1 采取行动，企业的最终效益减少为 $R_1 = P_1M_1 - C_1(M_1) - Z$，$D_1$ 获得的效益为 $Y_1 = H_1 + Z = X_1 - Q_1 + Z$。

当两个地区都能参加博弈时，D_1 和 D_2 都在博弈行为中采取行动，即 $H_2 \geq Z$，D_1 和 D_2 为了刺激企业选择各自的地区进行投资生产而采取福利补助的手段，但是为了效益最大化，此补助不可能比最终效益要高，即 $T_i \leq H_i$。这样就会形成以下两种竞争效果。

⑤一种是 D_1 在博弈中取得胜利，当 $H_1 \geqslant H_2 - Z$ 的时候，D_1 的最终效益会比 D_2 提供的福利补助要高，此时对于 D_1 来说，根据 D_2 所具有的竞争力，出于自身效益最大化的角度，会以 $T_1 = H_2 - Z$ 来进行相关补助，博弈的结果是 D_1 的最终效益为 $Y_1 = X_1 - Q_1 - (H_2 - Z)$，企业获得的效益为 $R_1 = P_1 M_1 - C_1 (M_1) + (H_2 - Z)$。

⑥另一种是 D_2 在博弈中获胜，当 $H_2 \geqslant H_1 + Z$ 时，D_2 的最终效益比 D_1 提供的最大补助要高，此时对 D_2 来说，根据 D_1 的竞争力，出于自身效益最大化的角度，会以 $T_2 = H_1 + Z$ 来提供相关补助，博弈的结果是 D_2 的最终效益为 $Y_2 = X_2 - Q_2 - (H_1 + Z)$，企业获得的效益为 $R_2 = P_2 M_2 - C_2 (M_2) + (H_1 + Z)$。

基准博弈模型结果如表 5-1 所示。

表 5-1　基准博弈模型结果

地区		D_2	
		不行动	行动
D_1	不行动	①$Y_1 = X_1 - Q_1$；$Y_2 = 0$	③$Y_1 = 0$；$Y_2 = X_2 - Q_2 - Z$
	行动	②$Y_1 = X_1 - Q_1 + Z$；$Y_2 = 0$	④$Y_1 = X_1 - Q_1 + Z$；$Y_2 = 0$ （$H_2 < Z$）
			⑤$Y_1 = X_1 - Q_1 - (H_2 - Z)$；$Y_2 = 0$ （$H_1 \geqslant H_2 - Z$）
			⑥$Y_1 = 0$；$Y_2 = X_2 - Q_2 - (H_1 + Z)$ （$H_2 \geqslant H_1 + Z$）

通过上述信息，对比地方政府部门在不同机制中的博弈行为和结果，对博弈行为以及最后结果的对比分析，可以得出以下结论。

第一，如果地方政府部门选择合作，地方政府部门最后的效益最理想，相应的补助成本最小，并且各地区所获得的最终效益最大。例如，从竞争结果①、②、③中可以看出，假如企业最后选择了具有比较优势的 D_1 来进行生产，那么对于地方政府部门而言，地区之间选择合作所获得的最终效益 Y_2 要比地区之间选择竞争的最终效益 Y_2 高，给 D_2 带来了企业进行产业发展的整体效益。

第二，如果地方政府部门选择博弈，那么最终效益都会比较低，体现在地方政府部门提供的福利补助方面，比如将结果②与⑤进行对比，有着比较优势的 D_1 在合作状态下得到 $Y_1 = X_1 - Q_1 + Z$，在竞争状态下得到 $Y_1 = X_1 - Q_1 - (H_2 - Z)$。

第三，比较优势相似的地区之间容易产生博弈行为，各个地区预期的收入相差程度越小，福利损失越大。例如，在结果④中，当只有一方采取干预行为时，且地区间比较优势差距大于其中一方所获得的效益时，该地区就不能参与竞争。另外，从结果⑤和结果⑥中可以看出，当两个地区的预期效益 H_1 和 H_2 的实际效益相差不大时，处于首位的地区其实际上的效益和比较优势 Z 相差无几，但是会因提供福利补助而受到影响。通过上面内容能够看出，在实际的产业转移中，竞争力最强的普遍是实际发展和条件优势等比较一致的地区。

第四，在以上竞争行为里，也许有纳什均衡理论的"囚徒困境"效应，即在没有任何外界因素影响的情况下，各个地区会自发地参加博弈，影方地区政府部门的效益。由此可以看出，企业在制定生产方案之前，会把相关信息传递到多个地区，进行有意接触，从中获得福利补助。我国中央政府部门要为产业转移提供有力支持，制定有效方案并加以正确的指引，对地方政府部门在产业转移过程中一些不合理的博弈行为起到控制性的作用，以防地方政府部门在发展经济的过程中出现经济建设不合理或者产能过剩等问题。

二 基于区域协调发展的博弈扩展模型

根据上述分析结果可以发现，在没有外部干预的情况下，为了调整产业布局，地方政府部门有时是不可避免地选择参与博弈，导致整体效益降低。其中，具有相似比较优势和相同预期效益的地区之间竞争更激烈。近年来，我国经济和社会得到了全面发展，但区域发展差距也不断扩大，这不仅体现在经济发展水平的差距上，也体现在人民生活水平和区域公共服务的差距上。在此背景下，缩小区域发展差距，促进区域经济协调发展，是我国实现高质量发展的重点任务之一。因此，本书将构建基于区域协调发展的博弈扩展模型。

本书已在"产业转移推动区域协调发展的实现机理"部分指出，市场机制是产业转移促进区域协调发展的基础。中央人民政府作为最高国家行政机关，有协调经济社会发展和增进民生福祉的权力和责任。在此背景下，本书将引入中央政府部门作为博弈扩展模型的外部约束。地方政府部门的博弈目标和博弈行为应符合中央政府部门的期望，否则，中央人民政府将会介入。结合本节的分析，中央政府部门的目标是在产业转移中调整发展差距、防止过度竞争、促进区域经济可持续和协调发展。因此，本书将在博弈基准模型的基础上，增加或放宽前提假设，构建博弈扩展模型，通过对比二者结果，进一步分析现实中产业转移影响区域协调发展的机制。

以博弈扩展模型作为研究对象进行研究时，结合已有假设，对原有条件予以扩充。

首先,假设 D_1 自身优势是通过降低当地生产成本与交易成本来实现的。

其次,假设 D_1 整体的发展优势显著领先于不具备优势的 D_2,中央政府部门应当重点向后者提供帮助与引导,因此有关部门明确要向入驻企业提供价值 G 的配套支持政策①,以支持 D_2 的发展。这时,D_2 企业的收益为:$R_2 = P_2 M_2 - C_2 (M_2) + G$,但 D_1 企业的收益未发生改变。

最后,中央政府部门推出的 G 政策要优于各地区之间的比较优势 Z,此时企业在选址过程中,需要按照 $R_1 - R_2 = [P_1 M_1 - C_1 (M_1)] - [P_2 M_2 - C_2 (M_2) + G] = Z - G < 0$ 的逻辑来选择,不难看出,D_2 在位置方面更符合企业的选址要求。

因此,在中央政府部门对各地发展优势进行选择的过程中,由于第三方的干预,会出现以下三种博弈情况。

①当两个地区均没有做出任何变化和行动时,D_2 会是博弈之后的胜利方,能够实现 $Y_2 = X_2 - Q_2$ 的效益水平。

②当 D_1 做出对应的行为,那么该地区则属于博弈中的胜利方,即获得 $Y_1 = X_1 - Q_1 - (G - Z)$ 的最终效益。

③当只有 D_2 行动时,D_2 获胜,效益为 $Y_2 = X_2 - Q_2 + (G - Z)$。

当两个地区的地方政府部门在互相博弈时,在相同模型的前提下,按照理性经济人假设做出的预测,就会出现以下情况:只有一方参与或双方均参与。

④对于只有一方能够参与竞争的情况,需要满足 $H_1 < G - Z$ 的

---

① 这一政策在现实中可理解为国家向落后地区的企业提供相应的扶持政策,从而给该地区企业带来正向的收益。

前提条件，即中央政府部门对 D_2 的福利补助与地区间比较优势的差异，大于产业布局发展为地区 D_1 带来的效益。在此前提下，中央政府部门补贴过高，会导致 D_1 在区域合作下的单独行动中效益仍为负，即 $Y_1 = H_1 - (G-Z) < 0$，此时 D_1 将选择退出竞争，使得博弈结果无意义，因此这一情况在博弈中不会出现。

双方均参与的情况会导致不同的博弈结果。

⑤当 $H_2 \geq H_1 - (G-Z)$ 时，即在扶持政策的作用下，D_2 刨除掉各地比较优势的"净收益"和政策作用下获得效益的总数超出了 D_1 的利润水平，那么 D_2 就是胜利的一方，且能够获得 $Y_2 = X_2 - Q_2 - [H_1 - (G-Z)]$ 的效益。

⑥当 $H_1 \geq H_2 + (G-Z)$ 时，即 D_1 在政策作用下所产生的利润超出了 D_2 在刨除掉各地比较优势的"净收益"和政策作用下获得效益的总数，那么 D_1 就是胜利的一方，且能够得到 $Y_1 = X_1 - Q_1 - [H_2 + (G-Z)]$ 的效益。

基于协调发展约束的博弈扩展模型结果如表 5-2 所示。

表 5-2　基于协调发展约束的博弈扩展模型结果

地区		D_2	
		不行动	行动
D_1	不行动	①$Y_1 = 0$；$Y_2 = X_2 - Q_2$	③$Y_1 = 0$；$Y_2 = X_2 - Q_2 + (G-Z)$
	行动	②$Y_1 = X_1 - Q_1 - (G-Z)$；$Y_2 = 0$	④只有一方能够参与竞争时，博弈结果无意义
			⑤$Y_1 = 0$；$Y_2 = X_2 - Q_2 - [H_1 - (G-Z)]$ $[H_2 \geq H_1 - (G-Z)]$
			⑥$Y_1 = X_1 - Q_1 - [H_2 + (G-Z)]$；$Y_2 = 0$ $[H_1 \geq H_2 + (G-Z)]$

对两种模型的假设前提以及内在关联进行对比和研究，可以得出，基准博弈模型对中央政府部门整体规划下的博弈结论有着较强的解释能力，但博弈扩展模型则体现出中央政府部门在对地区差异予以调整与规划后形成的一种均衡的博弈结果。不难发现，中央政府部门的作用在其中有所强化，换个角度来说，与基准博弈模型相比，博弈扩展模型是通过中央政府部门干预、防止区域间发展差距过大约束等而产生的结果，具体如下。

首先，中央政府部门的扶持政策能够有效缩小区域发展差距，促进区域经济协调发展。通过在博弈扩展模型中加入中央政府部门的扶持政策 G，有效地提升了 D_2 在博弈中获胜的概率和效益。

其次，中央政府部门所提供的政策与指导是有限制和范围的。通过模型分析与比较可以得出，如果这些政策的扶持力度超出标准范围，那么市场调节的目的将很难实现，博弈扩展模型结果不成立。因此，D_1 所获得的利润和本身能够产生的效益之和，为政策实施边界指明了方向。

最后，中央政府部门在区域经济发展中的调节作用十分显著。通过模型分析可以知晓一点，即中央政府部门的扶持使两个地区在博弈判断条件方面越发丰富，进而为政策 G 的价值显现创造了空间。

从以上内容中不难看出，政策 G 的实施，让市场整体布局更加合理，产业发展差距越来越小。第一，在中央政府部门的规划方案中，要对经济发展水平较低的地区实施政策倾斜和优惠，进而让我国各个地区的发展实力和发展水平相协调；第二，就政策作用水平而言，以已有资源为主线，宏观工具的调整让政策的力度能够更加得当，进而在区域经济的调整以及资源的有效分配方面发挥双重作用；第三，受中央政策的驱动，对一些整体发展水平较低的地区给予扶持，能够让各地的比较优势得到提高，从而促进市场配置资源原则的落实，优化发展环境，推动区域协调发展。

第二节　实证模型设定与变量说明

一　产业转移影响区域协调发展的实证模型

在本书的研究框架内，由于环境条件的干扰，很多企业出于对自身利益和市场地位的考量，会在市场发展趋势和现状的基础上，持续完善自己的产品与服务，尽可能通过专业的方式确保产品能够长久服务于市场。但在这个过程中，转型周期的长短对原本市场和新市场所产生的作用与影响是有差距的。在上述理论分析的前提下，本部分将围绕产业转移对区域协调发展所起到的调节作用予以论证和明确。前文已对传统的 β 收敛模型进行了构建和完善，从该模型的视角出发，经济增长和经济发展的初始水平是呈负向关系的，正是如此，才能够体现出政策对经济发展水平较低地区的作用，进而才能够让各地区经济发展趋于平稳。此时的平稳状态分别包括绝对收敛以及条件收敛，前者代表的是区域中统一因素的稳定程度；后者与之相反，即只有明确影响稳定状态的各个影响因素之后，才能实现经济的对应调整，这就是条件收敛的最佳实践。在求解的过程中，这些影响因素会以控制变量的角色参与绝对收敛模型。

区域协调发展是一个动态的演化过程，既受到直接因素的影响，又受到历史因素的影响和干扰。因此，本书选择使用动态面板方法来捕捉这种影响，并在原先收敛模型的基础上，以产业转移的作用水平作为衡量标准，明确本书的第二个命题，即产业转移通过对产业转出地区和转入地区产生的短期效应和长期效应来实现区域协调发展。参考刘瑞明和石磊（2015）的模型设置方法，构建模型如下：

$$GDP_{it+1}/GDP_{it} = C + \alpha GDP_{it} + \beta Tran_{it} + \gamma GDP_{it} \times Tran_{it} + \chi X_{it} + \varepsilon$$

$$(5-1)$$

公式（5-1）中，GDP_{it} 代表基期区域经济发展水平，GDP_{it+1}/GDP_{it} 代表相对于基期区域经济发展水平的增速，$Tran_{it}$ 代表产业转移，$GDP_{it} \times Tran_{it}$ 代表基期区域经济发展水平与产业转移的交互项，其目的是明确产业转移对经济收敛速度所产生的干扰水平，利用公式（5-1）对基期区域经济发展水平 GDP_{it} 求偏导，如果交互项系数 γ 为负值，说明这种转移行为对经济收敛起到了积极作用；反之，代表这种转移行为拉大了区域经济发展差距。X_{it} 代表相关变量合集，鉴于中央政府部门下发的各项制度和政策，会直接作用于各地区经济发展，所以此次计算会把协调机制（Pay_{it}）、区域发展条件（$Condition_{it}$）和区域发展环境（$Enviro_{it}$）以控制变量的角色套入模型。

二　变量选取与数据来源

本次样本数据存在一致性特征和易获性特征，均摘自于各省份政府官网和公报，为了与前文的实证研究口径一致，选择 2003～2017 年各省份的年度数据进行研究。由于个别数据会出现异常，笔者将通过科学方式对其进行统一处理和完善，变量选取及含义如表 5-3 所示。

表 5-3　变量选取及含义

变量性质	变量名称	变量含义	计算方法
被解释变量	GDP_{it+1}/GDP_{it}	相对于基期区域经济发展水平的增速	以每年的 GDP 平减指数对省域名义人均 GDP 进行平减得到省域人均 GDP 的真实值
核心解释变量	GDP_{it}	基期区域经济发展水平	省域人均实际 GDP
核心解释变量	$Tran_{it}$	产业转移	三项指标的综合得分：外商直接投资占全社会固定资产投资的比重、境内省外投资与外商直接投资之和占全社会固定资产投资的比重、境内省外投资占全社会固定资产投资的比重
控制变量	Pay_{it}	协调机制	中央政府部门对各地的转移支付数额
控制变量	$Condition_{it}$	区域发展条件	区域基础设施建设的固定资产投资
控制变量	$Enviro_{it}$	区域发展环境	区域非公有制经济占比

第三节　实证结果与分析

2003～2017 年，逐步加入控制变量的产业转移对区域经济收敛的影响关系检验结果如表 5-4 所示。

表 5-4　2003~2017 年逐步加入控制变量的产业转移对区域
经济收敛的影响关系检验

变量	GDP_{it+1}/GDP_{it}		
	（1）	（2）	（3）
GDP_{it}	1. 1597 *** （4. 1129）	1. 0138 *** （2. 4779）	0. 9894 *** （3. 1315）
$Tran_{it}$	0. 3228 （1. 0453）	0. 3357 （1. 0872）	0. 2874 （0. 9459）
$GDP_{it} \times Tran_{it}$	− 0. 0437 * （1. 2355）	− 0. 0475 ** （1. 0786）	− 0. 0328 ** （1. 4996）
Pay_{it}	—	0. 1872 （0. 8526）	0. 01249 （0. 9735）
$Condition_{it}$	—	1. 8601 *** （1. 4560）	2. 2107 *** （2. 3942）
$Enviro_{it}$	—	—	0. 8169 （0. 4872）
常数项	− 6. 8540 *** （3. 1895）	− 8. 1260 ** （2. 4885）	− 11. 9285 *** （2. 8006）
R^2 （overall）	0. 6789	0. 7405	0. 7984
时间固定效应	Yes	Yes	Yes
地区固定效应	No	No	No
模型类型	Re	Re	Re

注：括号内为相应的标准误，＊、＊＊和＊＊＊分别表示在 10%、5% 和 1% 水平
下显著。

首先，2003~2017 年，我国区域经济发展水平没有趋同，且
逐渐表现出发散状态；其次，产业转移行为对经济发展水平趋同
起到了关键作用，在上述模型的交互项中有所显现，即产业转移
的作用不仅体现在拉近区域经济发展距离层面，还体现在推动各

个区域趋同发展方面；再次，产业转移和被解释变量之间的回归系数为正，但并不显著，这与本书理论分析中论证的不同地区的产业转移差异机制有关；最后，不同控制变量在其中的作用和影响是不同的，通过各变量逐个参与模型计算后发现，模型解释力有所提升。

接着进一步分析产业转移对我国东部、中西和西部地区区域经济收敛的影响关系。

在全国范围内，产业转移与区域经济增长的相关性不显著。因此，分别对东部、西部、中部地区进行回归分析，分析各地区产业转移与区域经济增长之间的关系。从表5-5中可以看出，产业转移与区域经济增长是否具有相关性要视具体地区而定。在东部地区，产业转移无法对区域经济增长进行显著提速，而在中西部地区，产业转移可以显著增加区域经济增长的速度。为了更清晰地测度区域产业转移规模，本书基于区位熵方法对区域产业转移规模进行调整，构建产业转移测度指标。发现随着产业分别向东部、中部、西部地区的转移，其区域经济收敛水平有所提升，这一结果与全国范围的分析结果相一致，进一步证明了产业转移对推动地方经济增长趋同具有促进作用。

表5-5 2003~2017年产业转移对区域经济收敛的分区域影响关系检验

变量	GDP_{it+1}/GDP_{it}		
	东部	中部	西部
GDP_{it}	-0.8014^{**} （1.7538）	1.3635^{**} （3.7025）	1.3357^{**} （2.018）

续表

变量	GDP_{it+1}/GDP_{it}		
	东部	中部	西部
$Tran_{it}$	0.0912	2.8315*	4.3516**
	(0.2183)	(1.8351)	(2.2109)
$GDP_{it} \times Tran_{it}$	−0.4042**	−4.0934*	−0.4079*
	(1.8238)	(1.7295)	(1.9708)
Pay_{it}	0.1837	0.3425	0.2563
	(0.9202)	(1.2283)	(0.2521)
$Condition_{it}$	1.6352**	2.1407**	3.0238***
	(2.0877)	(2.1766)	(3.0115)
$Enviro_{it}$	1.3467	1.8495	2.3892**
	(1.3981)	(1.1527)	(2.1501)
常数项	−4.7682**	−2.6884**	−4.5264*
	(2.3507)	(2.1147)	(1.7983)
R_2 (overall)	0.5834	0.5257	0.5101
时间固定效应	Yes	Yes	Yes
地区固定效应	No	No	No
模型类型	Re	Re	Re

注：括号内为相应的标准误，*、**和***分别表示在10%、5%和1%的水平下显著。

第四节 稳健性检验

为了检验产业转移对区域经济收敛影响模型的稳健性，本书对核心解释变量进行变化，将$Tran_{it}$替换为外商直接投资占全社会固定资产投资比重，重新检验产业转移对区域经济收敛的影响。表5-6展示了稳健性检验的结果，可以看出回归关系依然稳健。

表 5-6　稳健性检验

变量	GDP_{it+1}/GDP_{it}		
	（4）	（5）	（6）
GDP_{it}	3. 2302 ***	2. 7280 ***	2. 6408 ***
	（2. 3206）	（2. 0071）	（2. 1034）
$Tran_{it}$	1. 1009 *	0. 9531 *	0. 8010 *
	（0. 6024）	（0. 4352）	（0. 5570）
$GDP_{it} \times Tran_{it}$	− 1. 6286 *	− 1. 4316 **	− 1. 3120 *
	（0. 8805）	（0. 7961）	（0. 6986）
Pay_{it}	——	0. 8845	0. 7309
		（0. 6340）	（0. 5397）
$Condition_{it}$	——	3. 9631 ***	3. 8157 ***
		（1. 6842）	（2. 0027）
$Enviro_{it}$	——	——	1. 8436
			（1. 3229）
常数项	− 8. 6512 ***	− 8. 7693 ***	− 10. 4818 ***
	（3. 6401）	（3. 2904）	（2. 6906）
R^2 （overall）	0. 5837	0. 6002	0. 6439
时间固定效应	Yes	Yes	Yes
地区固定效应	No	No	No
模型类型	Re	Re	Re

注：括号内为相应的标准误，＊、＊＊和＊＊＊分别表示在 10%、5% 和 1% 的水平下显著。

第五节　小结

本章对产业转移影响区域协调发展进行了实证研究，小结如下。首先，对产业转移影响区域协调发展的理论模型进行构建，并挑选指标进行测度和分析；其次，在原基础上构建产业转移与区域经济收敛相关性的验证模型并进行稳健性检验；最后，对不同地区与产业转移的关系进行验证分析。

第一，构建了产业转移影响区域协调发展的理论模型。一方面，从产业转移的形成机制出发，构建了完全市场状态下的博弈基准模型，分析了地方政府部门在不同条件下的行为选择和效益，为后续的协调发展约束与环境规制约束下的扩展模型构建奠定了基础。结果发现，一是当地方政府部门之间选择合作时，地方政府及区域总效益也会相应提高，企业的发展也会更好，可以更少地依赖政府补贴。二是当地方政府部门之间存在竞争时，其效益也会有所损失，这对当地的企业发展是不利的。三是当各区域之间优势差距较小时，更可能受到竞争的威胁，差距变小的情况下，福利损失会相应变大。四是当地区经济环境中没有外力干扰时，各地区对竞争的态度是自愿的，不做过多强求。另外，从中央政府部门在产业转移中的推动区域经济协调发展目标入手，通过改变相关假设前提，构建了基于区域协调发展的博弈扩展模型，结果发现，中央政府部门可以通过扶持政策改变市场调节下的产业转移生产布局，缩小地区间的发展差距，实现资源有效配置与区域经济协调发展相结合的目标，既可以促进落后地区经济发展中的市场配置资源原则的落实，也可以优化发展环境，推动区域协调发展。

第二，实证检验了产业转移对区域协调发展的影响机制。根据省域整体和分地区的实证结果，2003~2017年，产业转移对促进区域经济趋同有非常重要的推动作用，且产业转移与东部、中部、西部地区的区域经济收敛提升均呈正相关关系，再次证明了产业转移在促进区域协调发展方面的作用。产业转移是否对区域经济增长具有相关性要视具体区域而定。在东部地区，产业转移无法对区域经济增长进行显著提速；而在中西部地区，产业转移可以显著增加区域经济增长的速度。

第六章

环境规制约束下产业转移影响区域
协调发展的实证研究

本书第二章对环境规制约束下产业转移影响区域协调发展的机制进行了分析，本章将对此进行理论模型的构建和实证模型的检验，以验证本书提出的第三个命题，即适度的环境规制会加强产业转移对区域协调发展的调节作用。适度的环境规制，可以有效提升产业转移对产业转出地区和转入地区的正面效应，降低负面效应，推动区域协调发展。

第一节　环境规制约束下产业转移影响区域
协调发展的理论模型

本节将在基准博弈模型和博弈扩展模型的基础上，进一步加入环境规制，以构建环境规制约束下产业转移影响区域协调发展的理论模型。根据基准博弈模型，区域收入因素主要由区域成本和区域收入两方面决定。其中区域成本指区域承接产业转移而带来的环境污染和资源消耗等负面影响，区域收入指承接产业转移带来的就业和税收等积极影响。仅从理性的角度进行考虑，产业转移在通常情况下会倾向于就业和税收等积极影响更显著、环境污染和资源消耗等负面影响更小的产业，即区域收入更大和区域成本更小的产业。然而实际情况并非如此，有一些地区并不排斥甚至有可能会主动承担一些高耗能和高污染的产业转移。

吴朝霞和张智颖（2016）发现地方政府部门可以根据经济发展和环境保护政策的需要，通过对环境法规的适当调整，在自发博弈策略中引导污染产业转移主体，从而有效控制污染带来的外部影响。

本节内容以基准博弈模型为基础，通过放宽前提假设，对模型构架进行全面拓展，与外部干预下环境规制约束的博弈结果相对比，从而对环境规制背景下产业转移影响区域协调发展的机制进行深入分析。

对博弈扩展模型进行分析时，使基本假设保持不变，对基准博弈模型中的区域环境成本假设进行调整。具体而言，在预期收入中，环境资源成本减小 $E_i = X_i - \tilde{Q}_i = X_i - (Q_i - \Delta Q_i) = H_i + \Delta Q_i$，其中，$\Delta Q_i$（$0 \leqslant \Delta Q_i \leqslant Q_i$）是预期收益理论计算时与地方实际情况相较被高估的具体数值，实际收入则保持 $H_i = X_i - Q_i$ 不变。以此为依据，对博弈结果进行分析，从结果中可以看出，如果双方开展合作，则 D_1 和 D_2 两个地区会在（不行动、行动）、（行动、不行动）、（不行动、不行动）的策略中组合，而且地区收益变化不会对博弈结果产生影响，即博弈结果不变。对叠加环境规制的模型，如果存在区域竞争，则博弈结果会产生一定差别。具体而言，如果两个地区都像基准模型一样干预企业区位的选择，就需要对只有一个地区可以参与竞争或两个地区均可以参与竞争的不同情况进行分别讨论。

①如果 $H_2+\Delta Q_i<Z$，博弈结果为 $Y_1=X_1-Q_1+Z$，这是只有一个地区参与竞争的情况。这一情况的前提是只有一个地区可以参与竞争，具体表现是地区之间的比较差异优势高于环境约束放松产生的预期收益和地区承接生产布局、产业转移产生的现实效益两部分的总和。但在进行实际测算时，环境规制减弱产生的 ΔQ_i 主观性很强，只有参与竞争的一方在 $H_2+Q_2<Z$ 的情况下，参与竞争的另一方才可以通过征税提高效益，此时地区间比较优势高于一方效益，且只考虑正向收益不考虑成本。这与基准博弈模型的差别很大，缩小了实现情况的范围，地区间参与竞争门槛的降低使竞争范围逐步扩大。

上述是仅有一个地区参与竞争的情况。如果两个地区均参与竞争，那么每个地区都会在理性经济人假设且 $T_i\leqslant E_i$ 的前提下，通过提供福利补贴吸引企业，此时会产生以下两种博弈结果。

②如果 $H_1+\Delta Q_1\geqslant H_2+\Delta Q_2-Z$，$D_1$ 经济层面的效益为 $Y_1=X_1-Q_1-(H_2+\Delta Q_2-Z)=X_1-Q_1-X_2+Z$[①]，即如果对环境资源放松约束，除地区间的比较优势差异外，产业布局发展为 D_1 带来的预期效益会高于 D_2，表现为 D_1 在博弈中获胜。

③如果 $H_2+\Delta Q_2\geqslant H_1+\Delta Q_1+Z$，$D_2$ 经济层面的效益为 $Y_2=X_2-Q_2-(H_1+\Delta Q_1+Z)=X_2-Q_2-(X_2+Z)$，即如果将所有比较优势考虑在内，产业布局发展为 D_2 带来的预期效益仍高于 D_1，则 D_2 在博弈中获胜。

---

① 在本书的界定中，地区对资源环境规制的减弱，即 ΔQ_i 具有主观性，因此在博弈中，D_1 为赢得博弈，会选取 ΔQ_i 的最大值，即 Q_2 进行出价。

基于环境规制约束的博弈扩展模型结果如表6-1所示。

表6-1　基于环境规制约束的博弈扩展模型结果

地区		D_2	
		不行动	行动
D_1	不行动	$Y_1=X_1-Q_1$；$Y_2=0$	$Y_1=0$；$Y_2=X_2-Q_2-Z$
	行动	$Y_1=X_1-Q_1+Z$；$Y_2=0$	①$Y_1=X_1-Q_1+Z$；$Y_2=0$（$H_2+Q_2<Z$） ②$Y_1=X_1-Q_1-X_2+Z$；$Y_2=0$ （$H_1+\Delta Q_1\geqslant H_2+\Delta Q_2-Z$） ③$Y_1=0$；$Y_2=X_2-Q_2-$（$X_1+Z$） （$H_2+\Delta Q_2\geqslant H_1+\Delta Q_1+Z$）

对前文两个模型和加入环境规制的博弈扩展模型进行对比，分析结果如下。首先，针对博弈结果，与基准博弈模型相对应，更为宽松的资源约束和环境条件会加大地区对承接产业补贴的力度，最终可能导致产业的区域收益为0甚至为负。其次，针对博弈判断条件，博弈扩展模型与基准博弈模型不同，博弈双方无视产业发展可能对环境产生的负面影响将成为影响区域博弈结果的重要因素之一，而这种行为会对区域的环境资源和可持续发展产生巨大的负面影响。因此，地方政府必须通过加强外部约束以避免博弈双方忽视环境负面影响谋求预期效益行为的产生。

通过以上对比分析，可以看出，一是鉴于地方政府部门对该地区放松环境约束的原始动力和对环保的干预水平，建议中央政府部门建立中央直属的环境监督机构，与地方政府部门相独立，并将环境评估作为晋升机制中重要的考核指标①。二是对有偿交

---

① 2014年，国务院办公厅印发《大气污染防治行动计划实施情况考核办法（试行）》，被称为"史上最严格的环保政策"，可视为理论模型结论的印证。

易排污权的新兴模式进行尝试，不断强化资源环境的约束力。三是对资源定价机制进行优化，通过市场调节资源价格并不断提升资源利用率。

所以，在环境保护仅靠地方驱动的情况下，加大环境规制力度既可以减少损失，提高区域整体博弈效率和效益，也对促进产业转移、实现区域协调发展具有重要作用。

第二节　实证模型设定与变量说明

一　环境规制约束下产业转移影响区域协调发展的实证模型

经典的 β 收敛模型表示，如果某一地区经济发展初始水平较高，其经济增长速度就会较慢；反之，如果经济发展初始水平较低，其经济增长速度就会比较快。也就是说，通常情况下，与发达地区相比，落后地区的经济增速会更快，从而能够更快实现经济的稳定发展。本书以传统收敛模型为基础，以产业转移对区域经济收敛是否构成影响为测度目标，验证产业转移对区域协调发展的促进作用，构建以下双重差分模型：

$$GDP_{it+1}/GDP_{it} = C + \alpha GDP_{it} + \beta Tran_{it} + \gamma GDP_{it} \times Tran_{it} + \chi X_{it} + \varepsilon$$

$$(6-1)$$

为了验证本书第二章中提出的命题三，适度的环境规制会加强产业转移对区域协调发展的调节作用，本书参考钱雪松等（2019）在双重差分模型基础上进一步设定三重差分模型的方法，构建以下三重差分计量模型：

$$GDP_{it+1}/GDP_{it} = C + \beta_1 Er_{it} \times GDP_{it} \times Tran_{it} + \beta_2 GDP_{it} \times Tran_{it} +$$
$$\beta_3 GDP_{it} \times Er_{it} + \beta_4 Er_{it} \times Tran_{it} + \beta_5 X_{it} + \alpha_i + \mu_{it} \qquad (6-2)$$

公式（6-2）中，GDP_{it+1}/GDP_{it} 是被解释变量，用于表示相对于基期而言的区域经济发展水平增速，GDP_{it} 是基期区域经济发展水平，同时是被解释变量的一种滞后项，Er_{it} 是环境规制，$Tran_{it}$ 是产业转移。$Er_{it} \times Tran_{it} \times GDP_{it}$ 是环境规制、产业转移和基期区域经济发展水平的三重交互项，对公式（6-1）中基期区域经济发展水平 GDP_{it} 求偏导，可以得出环境规制通过产业转移对经济收敛速度产生的影响。具体而言，如果交互项系数 $\beta_1>0$，说明环境规制通过产业转移会对区域经济发展差距产生扩大效应；如果 $\beta_1<0$，说明其有助于区域经济收敛。$GDP_{it} \times Tran_{it}$ 是基期区域经济发展水平与产业转移的交互项，测度产业转移对经济收敛速度的影响。$GDP_{it} \times Er_{it}$ 是基期区域经济发展水平与环境规制的交互项，测度环境规制对经济收敛速度的影响。$Er_{it} \times Tran_{it}$ 是环境规制与产业转移的交互项，测度环境规制通过产业转移对区域经济增速的影响。X_{it} 是一系列控制变量，因为区域发展环境和发展条件产生的交易费用比较优势存在变动，加之中央政府部门的协调机制对区域经济协调发展存在重大影响，所以主要的控制变量为区域发展环境（$Enviro_{it}$）、区域发展条件（$Condition_{it}$）和协调机制（Pay_{it}）三种。公式（6-2）中，μ 代表残差项；下标 i 和 t 分别代表第 i 个省份和第 t 年，此外选取固定效应模型时，各地区不随时间变化的效应用 α_i 表示；考虑到时间的作用，我们还在各个模型中控制了年份虚拟变量。

二　变量选取与数据来源

为了保证本研究的数据来源稳定且精确，各项指标数据来自各省份招商局官网、商务厅官网和历年《国民经济和社会发展统计公报》、《中国财政统计年鉴》、《中国环境年鉴》、《中国环境统计年鉴》、《中国统计年鉴》等文件。为使研究结果与前文的实证研究保持口径一致，本章研究了全国 30 个省份（不包括西藏自治区、香港、澳门和台湾）2003～2017 年的数据。由于数据年份较多，在研究中难免存在个别省份、个别年份数据异常或缺失的情况，本书分别选用适宜的方法对数据进行了修正，包括但不限于相似数据代替法、插补法和平均增长率补齐法等。变量选取及含义如表 6-2 所示。

表 6-2　变量选取及含义

变量性质	变量名称	变量含义	计算方法
被解释变量	GDP_{it+1}/GDP_{it}	相对于基期区域经济发展水平的增速	以每年的 GDP 平减指数对省域名义人均 GDP 进行平减得到省域人均 GDP 的真实值
核心解释变量	GDP_{it}	基期区域经济发展水平	省域人均实际 GDP
	Er_{it}	环境规制	四项指标的综合得分：工业烟尘去除率、工业固体废物综合利用率、工业二氧化硫去除率、工业废水排放达标率
	$Tran_{it}$	产业转移	三项指标的综合得分：外商直接投资占全社会固定资产投资的比重、境内省外投资与外商直接投资之和占全社会固定资产投资的比重、境内省外投资占全社会固定资产投资的比重

续表

变量性质	变量名称	变量含义	计算方法
控制变量	$Enviro_{it}$	区域发展环境	区域非公有制经济占比
	$Condition_{it}$	区域发展条件	区域基础设施建设的固定资产投资
	Pay_{it}	协调机制	中央政府对各地的转移支付数额

第三节　实证结果与分析

在本部分内容中，我们按照计量模型对面板数据进行回归，从简单到复杂，逐步加入变量，对环境规制约束下产业转移对区域协调发展的影响、环境规制约束下产业转移对区域协调发展的分区域影响进行检验。同时，我们将环境规制、产业转移和基期区域经济发展水平的三重交互项放入模型，观察在环境规制约束下产业转移如何影响区域协调发展，结果如表6-3所示。

表 6-3　2003~2017 年环境规制约束下产业转移对区域协调发展的影响关系检验

变量	GDP_{it+1}/GDP_{it}			
	（1）	（2）	（3）	（4）
$GDP_{it}×Tran_{it}$	-0.5065* (0.2866)	-0.4752** (0.2076)	-0.3947** (0.3135)	-0.8235** (0.4247)
$GDP_{it}×Er_{it}$		-0.1104* (0.1986)	-0.1394* (0.1642)	-0.1762* (0.2989)
$Er_{it}×Tran_{it}$			5.2216** (1.7024)	6.3154** (2.3107)

变量	GDP_{it+1}/GDP_{it}			
	（1）	（2）	（3）	（4）
$Er_{it} \times Tran_{it} \times GDP_{it}$				−1.7832**
				（1.1024）
Pay_{it}	0.9563	0.8436	0.8436	1.0864
	（0.1986）	（0.1966）	（0.1966）	（0.4462）
$Condition_{it}$	3.2252*	2.551*	2.471*	2.381*
	（1.2697）	（0.5159）	（0.5862）	（0.5152）
$Enviro_{it}$	6.2003**	6.0401**	6.6815**	6.3098**
	（1.740）	（1.835）	（1.751）	（1.864）
常数项	−8.1726***	−8.3573***	−9.6549**	−9.311***
	（0.0706）	（0.0609）	（0.0702）	（0.0772）
时间固定效应	Yes	Yes	Yes	Yes
地区固定效应	Yes	Yes	Yes	Yes
R^2（within）	0.7783	0.7962	0.7840	0.7948

注：括号内为相应的标准误，*、** 和 *** 分别表示在 10%、5% 和 1% 的水平下显著。

观察表 6-3 中的回归结果，模型（1）中首先加入了基期区域经济发展水平与产业转移的交互项，其系数符号为负且在 10% 的水平下显著，证明了产业转移对推动我国区域经济增长水平收敛具有正向推动作用。再一次证明了命题二：产业转移通过对产业转出地区和转入地区产生的短期效应和长期效应来实现区域协调发展。模型（2）中加入了基期区域经济发展水平与环境规制的交互项，交互项系数符号为负，而且在 10% 的水平下显著，说明环境规制可以推动区域经济增长水平收敛。模型（3）中加入了环境规制与产业转移的交互项，测度环境规制通过产业转移对区域经济增速的影响，其结果在 5% 的水平下显著为正，说明环境规制可以通过产业转移促进区域经济增速提高。在模型（4）中加入了环境规制、产业转移和基期区域经济发展水平的三重交互项，对环境规制约束下产业转移对经济收敛速度产生的影响进行分析，研究结果发现交互项系数符号为负，而且在5%的水平下显著，对命题三进行了有力证明，即适度的环境规制会加强产业转移对区域协调发展的调节作用。此外，所有控制变量的回归系数均为正，但除了区域发展环境和区域发展条件以外均不显著，说明这二者的提高可以推动区域经济发展增速的提升。

在此基础上，本部分分别对我国东部、西部、中部地区在环境规制约束下产业转移对区域协调发展的分区域影响关系进行回归分析，结果如表6-4所示。

表6-4 2003~2017年环境规制约束下产业转移对区域
协调发展的分区域影响关系检验

变量	GDP_{it+1}/GDP_{it}		
	东部地区	中部地区	西部地区
$Er_{it} \times Tran_{it} \times GDP_{it}$	2.3904 *	−0.2851 **	−0.3267 **
	(0.4206)	(0.1442)	(0.1943)
$GDP_{it} \times Tran_{it}$	−0.0836 *	−3.5409	−0.4404 *
	(0.0107)	(1.6872)	(0.2571)
$GDP_{it} \times Er_{it}$	1.2685 *	−0.8934 **	−1.4628 *
	(0.0238)	(0.4356)	(0.8805)
$Er_{it} \times Tran_{it}$	8.3672 *	10.4207 *	6.0093 *
	(2.6821)	(3.6830)	(2.2627)
Pay_{it}	0.7384	0.8547	0.9479
	(0.2769)	(0.2573)	(0.2267)
$Condition_{it}$	1.3467 **	1.8495 *	2.3892 *
	(1.3981)	(1.1527)	(2.1501)

续表

变量	GDP_{it+1}/GDP_{it}		
	东部地区	中部地区	西部地区
$Enviro_{it}$	7.6048* (2.1277)	7.7061** (2.1349)	7.3502* (2.1602)
常数项	−5.7203** (2.0015)	−4.6428** (2.6237)	−5.1301** (3.8858)
时间固定效应	Yes	Yes	Yes
地区固定效应	Yes	Yes	Yes
R^2（within）	0.8034	0.8041	0.8032

注：括号内为相应的标准误，*、** 和 *** 分别表示在 10%、5% 和 1% 的水平下显著。

分析表 6-4，能够得到以下几点结论。

第一，环境规制约束下产业转移对经济收敛速度的影响在我国东部、中部、西部地区具有差异性。在东部地区，环境规制约束下产业转移与基期区域经济发展水平在 10% 的水平下呈负相关关系（交互项系数为正），说明东部地区在环境规制约束下可能无法通过产业转移来对区域协调发展产生促进作用，对此可能的解释为本书关于产业转移的测度方式对东部地区而言数值较小，导致结果出错。此外，在中西部地区，环境规制约束下产业转移与基期区域经济发展水平均在 5% 的水平下呈正相关关系（交互项系数为负），说明中西部地区的传导机制是从环境规制到产业转移，再从产业转移到区域协调发展，进而实现中部地区与西部地区的区域协同发展。

第二，产业转移对缩小地区间发展差距、推动区域经济收敛的影响在东部、中部、西部地区均呈正向的相关关系，但在中部地区的结果并不显著。产业转移与基期区域经济发展水平的关系在东部地区和西部地区均在10%的水平下为正相关（交互项系数为负），再次说明产业转移对区域协调发展具备一定的促进作用。产业转移对经济收敛速度的影响在中部地区虽然也为正值且数值较高，但并不显著，可能是由于产业转移对转出地区与转入地区的短期或长期效应具有差异性。

第三，环境规制与基期区域经济发展水平的关系在东部、中部、西部地区具有差异性。在东部地区，环境规制与基期区域经济发展水平的关系在10%的水平下为负相关（交互项系数为正），说明在东部地区，加大环境规制力度反而使区域发展差距扩大，对此可能的解释是：东部地区环境规制力度较大，企业进行产业转移导致区域发展差距扩大；而在中部、西部地区，环境规制与基期区域经济发展水平的关系分别在5%、10%的水平下为正相关（交互项系数为负），说明在中部、西部地区，可以通过加大环境规制力度来促进区域经济收敛。

第四，环境规制约束下产业转移对区域经济收敛的正向影响在全国范围内都显著有效。环境规制约束下环境规制与产业转移的关系在东部、中部、西部地区均在10%的水平下显著为正相关，说明在东部、中部、西部地区，通过环境规制推动产业转移，继而促进区域经济收敛的实现路径是科学有效的。除此之外，三大地区控制变量的回归系数均为正，但除了区域发展环境和区域发展条件二者外，其余均不显著。这说明区域发展环境和区域发展条件的改善和提升，对加快西部、中部和东部三大地区的区域经济增速有重要的助力作用。

第四节 稳健性检验

本节将通过替换部分变量的方式对估计结果进行检验。此外，为检验环境规制约束下产业转移对区域协调发展的影响模型的稳健性，本节对核心解释变量进行改变，将 $Tran_{it}$ 替换为外商直接投资占全社会固定资产投资比重，将 Er_{it} 替换为工业二氧化硫去除率，按照模型（1）至模型（4）的方法，重新检验环境规制约束下产业转移对区域协调发展的影响。表 6-5 展示了稳健性检验的结果，可以看出回归关系和模型整体依旧稳健。这表明指标和实证策略的选择，对环境规制约束下产业转移对区域协调发展的影响效应起到了良好的检验效果。

表 6-5 稳健性检验

变量	GDP_{it+1}/GDP_{it}			
	（1）	（2）	（3）	（4）
$GDP_{it} \times Tran_{it}$	-2.2381* (0.7621)	-2.3561** (0.9076)	-2.6745** (1.1106)	-2.3217** (0.8135)
$GDP_{it} \times Er_{it}$		-0.4612* (0.1321)	-0.6285* (0.3547)	-0.7351* (0.3124)
$Er_{it} \times Tran_{it}$			10.6210** (4.6714)	11.9546** (4.5007)
$Er_{it} \times Tran_{it} \times GDP_{it}$				-6.9309** (1.8610)
Pay_{it}	1.6412 (0.6541)	1.7852 (0.3950)	1.5300 (0.4506)	2.2005 (0.7239)
$Condition_{it}$	5.3214* (1.3124)	4.9810* (1.4809)	4.7050* (1.5764)	4.9908* (1.5830)

续表

变量	GDP_{it+1}/GDP_{it}			
	（1）	（2）	（3）	（4）
$Enviro_{it}$	8. 3013 **	8. 1297 **	8. 4610 **	8. 4737 **
	（1. 4503）	（1. 6440）	（1. 9150）	（1. 8751）
常数项	−23. 18 ***	−24. 93 ****	−23. 54 ***	−24. 46 ***
	（5. 6198）	（5. 7092）	（5. 6187）	（5. 7536）
时间固定效应	Yes	Yes	Yes	Yes
地区固定效应	Yes	Yes	Yes	Yes
R^2（within）	0. 7987	0. 7983	0. 7981	0. 7899

注：括号内为相应的标准误，＊、＊＊和＊＊＊分别表示在10%、5%和1%的水平下显著。

第五节　小结

本章首先对环境规制约束下产业转移影响区域协调发展的理论模型进行了构建，其次对实证模型进行了设定与变量说明，再次对模型进行了实证验证和稳健性检验，最后得到了以下结论。

第一，构建了环境规制约束下产业转移影响区域协调发展的理论模型。在前文理论模型的基础上，从中央政府部门在产业转移中所具有的促进生态环境可持续发展目标入手，在保持基本假设不变的前提下调整基准博弈模型中地区环境成本假设，构建了基于环境规制约束的博弈扩展模型。结果发现，在忽视资源环境约束的地方内部驱动基础上，加大环境规制力度既可以减少损失，提高区域整体博弈效率和效益，也对促进产业转移、实现区域协调发展具有重要作用。

第二，实证检验了环境规制约束下产业转移影响区域协调发展的模型。计量模型回归结果显示，在全国范围内，环境规制约束下产业转移对区域协调发展均具有积极影响，控制变量中，区域发展条件和区域发展环境的提高对区域经济增速提升具有推动作用。此外，分区域回归结果显示，在东部、中部和西部地区，通过环境规制推动产业转移，继而促进区域经济收敛的实现路径是科学有效的。

第七章

加强环境规制与推动区域协调
发展的政策建议

本书已经论证了环境规制影响产业转移、产业转移影响区域协调发展、环境规制约束下产业转移影响区域协调发展的机制，并从理论模型和实证模型层面对研究内容展开了进一步的检验和分析。本章将从环境规制这一研究起始视角和区域协调发展这一研究最终目的出发，提出加强环境规制与推动区域协调发展的政策建议，并以陕西省为例，提出西部地区加强环境规制与推动区域协调发展的政策建议。

第一节 加强环境规制

本书的第一个研究问题是利用环境规制促进产业转移是否有效，所以本节将从环境规制角度出发，立足于本书的机制分析与实证结果，提出相应的政策建议，以进一步完善我国环境规制政策的工具箱。

一 推进环境规制的有效实施

第一，完善环境规制顶层设计。环境规制能有效促进产业转移和区域协调发展，但是要想真正实现环境规制的作用，必须充分发挥政府的作用。所以，除了重视环境规制的实际内容之外，还要完善顶层设计。针对这项工作，政府应积极发挥自身的主观能动性，落实好相关设计工作，做好准确定位和总体规划。一是确定经济与环境协调发展的目标。政府应提高对环境规制的重视程度，增加环境标准方面的绩效考核条目，在推动地方经济发展的过程中，始终强调对环境的保护，进一步落实环境规制。二是制定有关环境规制落实的法律制度。虽然政府提出了环境规制方面的要求，但是在全面推行期间应制定相应的法律来提高相关主体对该项工作的重视，且需要根据实际的经济情况来灵活调整当下的环境发展要求。三是提高环境规制灵活性。就整个经济市场而言，不同行业中的不同企业在发展上呈现不一样的特点，因而政府需要制定具有针对性的环境规制，充分考虑它们所处环境的承载能力，区分环境规制的强度和企业项目的准入标准等，对污染产生源进行实时跟踪。四是明确环境规制的重点方向。地区发展情况的不同决定了环境规制内容的差异，政府要在明确各方面要求之后，对环境规制做出相应调整。五是建立环境规制协调机制。地方政府部门应与中央政府部门实现高度的配合，针对重污染、高污染、高耗能、易扩散的企业和地区，建立环境污染跨区域转移应对协调机制，并整合相关部门的力量，做到进一步的系统性管理。

第二，合理选择和使用环境规制工具。在推动环境规制全面落实的过程中，要想真正发挥其作用，必须选择合适的环境规制工具。目前来看，环境规制工具的主要意义在于辅助相关政策的实施，然而有些工具的使用会抑制企业的发展，并使企业在创新研究的道路上形成一种"挤出效应"。所以，根据经济发展的实际情况选择合适的环境规制工具是非常重要的。一是结合当前市场环境生成可灵活更换的环境规制工具。在市场实施环境规制期间，要做到不影响市场化的进程，因而强调了环境资源产权制度的重要性，应按照需求及时更换环境规制工具。例如，企业生产过程中会产生一定的污水和垃圾，针对其制定的征收政策应尊重差异性特征，并适当扩大征收对象的范围，对污染程度较大且耗能较高的污染企业应采取更加严厉的征收措施。另外，为了减少企业污染物的排放量，可以从收集方式上采取相关措施，比如渐进式收集和多次收集等。二是进一步优化行政命令型环境规制工具。例如，落实与排污许可证相关的法律措施，根据企业性质和排污量调整签证范围，制定完整的法律体系，并以法律手段严格控制排污许可证的发放。如果企业没有在规定时间内按照要求处理好污染物，则采取相应措施对企业进行严重警告，并按照正规流程对企业进行处罚。从环境影响的评价机制来看，如果企业没有按照要求获得环境影响评价，将会受到一定的处罚，要加强对环境影响评价机构的监督，防止违规行为的发生。三是调整环境规制工具的作用，将命令控制作用转变为激励作用，虽然前者的功能性可以大大推动创新力的形成，但是被迫性的创新力难以真正推动企业发展，而后者的功能性可以促进良性创新力的生成，并提升企业主动发展绿色产业的积极性。

第三，完善环境规制评价体系。环境规制的实施效果取决于多个方面，除了需满足政策上的要求之外，还应当强化监管和执法部门的角色。对企业进行环境监管时，为了保证监管的有效性，必须制定相应的法律政策，环境规制部门和监管机构应按照标准化的流程对企业进行评价。一是根据市场发展的实际情况，相关部门应制定合理的环境规制评价体系，不盲目复制，充分考虑现实需求，结合当前信息技术高速发展的背景，为不同行业、企业制定具有针对性的环境规制体系，确保评价流程的规范性，从而提高对整个市场的监管力度。二是根据不断变化的环境要求形成完整的环境规制评价体系，在全面落实体系之前，为了检验体系的可行性，可采取试点措施。三是确保监管角色的完整性，除了发挥环境规制部门和监管机构的能动作用之外，还要充分调动社会大众对企业监管的积极性。保护环境的责任从来不独属于某一个人或者某一个组织，而是属于世界上的每一个人，所以，监管部门有必要将监管结果等信息向社会大众公开，从而提升监管力度。

二 优化环境规制的传导机制

第一，促进企业技术创新。在环境规制的影响下，企业越来越重视技术创新，且随着生产技术的不断升级，经济发展质量会得到明显提升。环境规制的推出让企业采取相应的创新方案来降低生产成本，当企业的生产要素发生创新性改变时，会给市场上的产品带来一定影响，从而满足提高经济发展质量的需求。另外，环境规制促成的企业创新，会使其获得更高的经济收益，这是因为生产要素的升级会使产品制作成本降低，从而再度推动企业创新力的提升，该过程又被称为"创新补偿效应"。所以，面对提高经济发展质量的需求，有必要对整个市场采取环境规制，对此可以采取以下几种方式来推动企业技术创新。一是强化企业进行自主创新的意识，并制定鼓励性的创新机制。在技术创新刚开始的阶段，生产性投资会被挤出，效益会在一定程度上减少。此时，政府有必要对企业的技术创新行为进行引导和鼓励，可以通过优惠政策、退税、财政补贴等方式来调动企业在技术创新上的积极性。当技术创新已经发展到较为成熟的阶段时，企业的经济利益会得到明显提升，此时能够再度强化企业的自主创新意识。二是强化政府对市场的了解。政府应当全面了解市场问题和需求，以此作为制定政策的依据，简化行政程序，改善政府的服务方式并提高政府的服务效率，为企业进行技术创新提供条件。三是制定技术创新保险制度，降低技术创新的风险。进行技术创新需要花费大量的时间和精力，存在一定的风险，创新成果还具有一定的不确定性。因此，一个风险厌恶型的企业家不太可能考虑技术创新的方案。虽然技术创新保险制度不能完全避免技术创新所带来的风险，但是可以在一定程度上减少风险，从而推动企业进行技术创新。

第二，规范地方政府部门间的竞争。为了进一步扩大自身优势，地方政府部门有必要推出环境规制。总的来讲，在环境规制的影响下，企业的准入质量会大幅提升。当周边地区需要不断引进各类企业时，就会采取宽松的环境规制，也就是采取"差异化"战略来吸引企业落户，这会给当地经济的发展质量带来一定程度上的提升。此外，一种情况是当地政府部门加大环境规制力度，可能会推动周边地区也同样加大自身的环境规制力度，从而同时对双方的经济质量造成影响。另一种情况是当地的环境规制力度和周边地区的环境规制力度一起减小。所以，只是推行环境规制还不够，还需要真正落实其对经济发展质量产生的积极意义。因此，当地政府部门可以采取以下几个有效措施。一是制定更完整且符合需要的发展目标，完善评价体系。以往的评价体系大多局限于经济标准，虽然该体系能够对经济发展产生一定程度的影响，但对环境造成了很大的污染。为了同时把握经济发展的"质"和"量"，需要将环境保护中的相关内容作为评价标准。二是根据发展需求适当调整地方政府部门的职能。地方政府部门需要强化自己的职能作用，采取简政放权的手段为企业提供良好的技术创新环境，以简化的审批方式帮助消费者获得生产发展上的优势，真正做到"服务型"政府。三是深化行政管理体制改革。一方面，各地方政府部门需要明确自己的权力和职责，以保证相关工作的落实；另一方面，环境规制的落实需要满足垂直管理的要求，在进一步提升监管效率的过程中，各地方政府部门要注意工作的公正性。四是地方政府部门应在绿色环境中进行友好的良性竞争。各地区可以在满足环境规制的前提下，建立友好的合作关系，确保区域生态的协调性。

第三，提高外商直接投资质量。环境规制给企业发展带来的影响还体现在外商投资上。一方面，环境规制力度的大小会影响到外商投资的多少，技术创新下的发展效果如没有达到预期，就会进一步影响该地区的经济发展质量。另一方面，在较大的环境规制力度下，外商会选择将投资方向转移到环境规制较弱的区域，继而降低被转移区域的经济发展质量。所以，为了最大限度地发挥环境规制在提升经济发展质量方面的作用，我们可以通过以下几点为提高外商直接投资质量提供方向。一是强化外资企业与当地经济发展之间的联系。对当地环境开展全方位的分析，并结合当地的环境要素吸引外商投资，加强外商与当地企业之间的紧密联系，从而形成完整的购销链。二是改变外商直接投资结构。在高质量发展阶段，地方政府部门不仅要注重外商投资的"量"，还要强调外商投资的"质"。当地政府部门需要制定严格的准入政策，尤其是要防止污染型 FDI。三是设置外商直接投资的准入门槛，并建立具有管理性质的产业部门。地方政府部门在引进外资的过程中，需要采取相关措施来提升引进质量，确保企业生产符合我国对经济质量的要求。比如，拓展外商投资渠道，加强对市场的监管，并以此限制外资的进入。四是针对外商直接投资制定针对性的监管措施。地方政府部门应严格把控市场发展的合法性，对引进外资进行有效监督，且地方政府需要在要求时间内上报引进外商直接投资的真实情况。

三 优化环境规制的合作机制

（一）优化环境规制治理结构

第一，优化环境规制机构内部的组织关系。环境保护需要政府部门间的通力合作。环境保护是我国重要的基本国策，经过多年发展，政府部门在环保方面的重视程度和一些观念的不断提高和转变，为环境规制机构内部组织之间的关系优化和通力合作提供了良好的前提条件。例如，与统计部门合作，多次完成绿色生产总值的核算工作并公布了研究报告；配合国家发展和改革委员会，出台了一系列推进钢铁、铁、煤、水泥、电力、工业、纺织等行业的结构调整相关规划和意见，在缓解结构性污染压力方面取得了一些成果。因此，需要不断优化各环境规制机构内部的组织关系，建立健全互动协调、通力合作机制，有效协调和尽力化解各种各样的利益冲突与非合作博弈，让各方力量相互补充、配合，有效推进环保工作，集中向一个明确的目标努力。

第二，优化环境规制机构与企业的组织关系。政府和企业作为环境规制落实中重要的两个主体，应形成一种新型的合作伙伴关系。合作伙伴关系作为国家的一种新型治理工具和有效工作方式，可以在保持原有部门结构完整和组织目标的同时，将不同的部门整理合并进共同框架，有效达成对资源的有效利用和对问题的协作解决等目标。政府要主动转变自己的角色定位，成为服务提供者和工作协调者，运用市场激励型工具和社会型工具，改变企业以往的被动消极工作态度。在企业与政府关系的构建中，企业作为环境问题的责任主体应主动承担起环境责任。在具体的政策执行中，企业要主动实施、积极响应国家相关政策，推行企业的环境信息公开化。在我国国情的基础上，主动学习其他国家的成功经验，让企业变被动为主动。

第三，优化环境规制机构与群众的组织关系。环境保护工作是一项环环相扣的工程，工程中的每个相关主体如政府、企业、群众或每个环节如生产、消费、投资等都不能掉链子。其中，群众参与是环境规制有效实施的前提条件，要在国家、社会层面普及民主理念，使群众意识到自身的主体地位，提升其环境保护意识。转变决策者观念，进行民主决策，通过宣传普及环保的相关知识，完善法律法规确保公民参与的积极性、合法性以及有效性。以法律法规的形式使群众的参与行为制度化，确保群众的参与效力；制度化公众的参与途径、细化群众参与程序、扩大群众参与范围。如果没有法律法规的保障，环境规制的实施效果就有限，所以要明确群众参与的方式，提高其科学性、可操作性。如实施环境信息公开制度、环境责任追究制度等，推进完善社会听证制度、群众意见征集制度、居民信访制度、相关部门公示制度等。为发挥 NGO（非政府组织）在我国环保领域的功能，政府应提供宽松、开明的政策执行环境，提升 NGO 运行的独立性、有效性。大力发挥环保组织对环境活动的推动和宣传作用，在加强公众教育、提升公众环境保护意识、提高公众责任意识、加强监督和评价企业行为等环节增强 NGO 的活跃程度。

第四，优化环境规制机构与环保 NGO 的关系。当前，我国在优化环境规制机构与环保 NGO 的关系方面可以从以下几点着手。一是处理好政府和环保 NGO 的关系。政府的职责主要是对环保 NGO 进行法律管理和方向调控，而不是对环保 NGO 进行直接的行政管理和包办代替。二是处理好官方环保组织和环保 NGO 的关系。应该在发挥原有官方环保组织的同时，大力推进环保 NGO 的发展，以平等的眼光对待这两类组织，同时发挥这两类组织的能动作用，确保这两类组织在法律地位上的平等。环保 NGO 发展的前提是市场经济发展，所以我们要在促进社会主义市场经济发展、持续加大环境保护力度的基础上，主动、稳妥地建立环保 NGO。三是加强环保 NGO 的能力建设，环保 NGO 的能力是一种综合能力，包括管理、扩张、活动、创新和可持续发展等能力。

（二）优化环境规制合作机制

第一，优化区域认同机制，提高地方政府的合作理念。环境规制跨区域协作面临着各种困难可能出现双方合作导致的外部效益不足，进一步使得地区产生经济衰退等问题。上述这些都属于跨区域协作需要面对的阻碍因素。要实现区域合作治污，中央政府和地方政府都需要进行制度创新。实际上，地方政府跨区域协作属于一个长、短期利益博弈，地方政府合作意向有效达成的重要条件就是中央政府的及时介入和及时协调。首先，中央政府应建立良好的约束和激励机制，从根源上引导地方政府的利益博弈走向正轨。中央政府应建立健全高层级的约束激励制度和组织协调机构，建立科学合理的区域环境质量监测体制。其次，鼓励环保 NGO 的有效参与。解决跨区域环境污染现象，不仅应协调好地方政府之间的关系，还应加强环保 NGO 的认同感和参与意识，有效拓宽其参与治理的途径。目前，我国跨区域环境治理的主角依然是地方政府，环保 NGO 尚没有实现积极、有效地参与。最后，提升跨区域环境治理的效率，完善环保 NGO 的制度。只有实现群众、地方政府、环保 NGO 等各方的认同、支持和参与，才能推进持续发展进程，广大公众、各种组织的认同、参与程度决定了跨区治理成效和可持续发展进程。公众参与应是多样全面的，公众和社会团体不但要扩宽参与的渠道，也要加深参与的程度，那些影响公众生产生活或需要有效监督的政策，都需要他们深入地参与。

第二，优化跨区域治理联动机制。一是完善跨区域治理的法制体系。以完备的、权威的法律依据促进形成有约束力的合作机制，实现减少地方政府跨区域合作交易成本的目的，从组织法和行政法两个方面入手完善法律法规体系。同时，对地方政府合作过程中对纠纷处理的方式进行创新，提升司法救济水平，使合作中的各种民事、经济甚至刑事纠纷能够不受地方权力、地方利益的牵制，促进司法公平。二是完善区域环境治理的相关法律体系，以环境保护法为基础，制定科学完整的污染防治法。三是建立跨区域环境监管机构，有效约束地方政府的不经济行为，有力推动跨区域合作的顺利进行。四是积极转变地方政府职能。以地方政府职能转变促进"合作行政、复合行政、多中心环境治理"的实现，推进跨区域治理。地方政府部门作为公共服务的提供者，理应是治理的责任承担者，不同层级的地方政府部门所担任的环保职能不是完全相同的，应明确各级地方政府部门的职能分工和责任定位。此外，地方政府部门职能向公共管理的转变过程的关键是要让市场、社会组织等更多社会参与主体的力量渗透在环境公共事务治理、管理的方方面面，切实形成多中心治理的合作模式。

（三）优化环境规制预防机制

第一，优化消费模式。一是完善政府采购的制度体系。以各级政府作为优先部门，制定政府部门采购清洁新产品的规章制度，从而有效推进清洁生产的新产品发展。基于政府部门自身的采购能力，激励环境友好企业进行生产技术创新，推动清洁生产。在更新政府部门的各种办公设备和损耗资料时，规定采购符合环保要求的绿色产品，比如采购具有清洁生产标志的翻新轮胎、含有粉煤灰的水泥、纸产品、循环产品等绿色产品，若代理机构不按规定购买，审查部门可对其进行处罚。二是完善环境费政策。环境费政策是重要的环境保护经济手段，虽然属于间接促进企业预防污染的手段，但其对污染治理、实现环境与经济的双赢发展、促进环境与经济的可持续发展等具有重要的意义。目前，我国在完善环境费政策方面有以下几点措施。首先，建立垃圾处理预交制，减少和减小废弃物的重量、体积。其次，将预交金用于废弃物的处理、回收以及环保新技术的研究开发。再次，对倾倒垃圾进行收费。该收费制度同环境费中的垃圾税一样，可以减少垃圾数量，但是如何定价、如何收费还有待进一步研究。最后，对废旧物资商品化进行收费，如明确规定废旧家具的再商品化费。三是完善废物再生利用政策。废物回收再利用政策是预防污染、清洁生产的重要补救措施，其作用不可忽视。针对我国的废旧物资再生利用政策，可以从下面几点出发：对购买可循环再生资源及污染防治设备的企业可实行相关的税收优惠政策；对配置循环再生制造设备、空瓶自动洗净装置等有利于清洁生产、污染预防的企业，实行特别减税；对废塑料制品、废纸等实行再生处理；对在其使用年限内的塑料制品再利用设备，可按其价格百分比进行再退税；对废纸进行脱墨处理；实行资源回收奖励政策，以鼓励居民对有用物资进行回收利用，提高民众的环保积极性；等等。

第二，优化生产模式。一是鼓励企业清洁生产。以宏观的环保经济政策为保障，建立完善的激励机制，为坚持技术进步、清洁生产的绿色企业提供资金保障，并在税收减免方面给予优惠。充分利用国内外市场，通过直接、间接融资两种方式，调动政策性银行、商业银行的主动性、积极性。制定新的折旧制度，激励企业进行绿色技术改造，鼓励企业积极运用绿色的新技术、新设备，鼓励研究机构和高校科技人员流向绿色企业，出台一定的优惠政策。二是健全环境税政策。环境税是通过财政手段解决环境污染问题的主要方式，也是提供环境保护资金的重要途径，它是适应现行市场经济需求的重要环保手段，包括征收新材料税，进行材料再循环，减少原生材料使用；征收生态税，对电能、汽油、天然气等不可再生能源以及相关间接产品征收生态税；征收垃圾填埋税、焚烧税、排放税；等等。三是完善污染预防激励措施。污染预防、清洁生产在很大程度上属于企业、群众的自愿性行为，所以需要尽可能多地提供激励政策来提高企业、群众预防污染的积极性。

第三，优化投资模式。一是实施环境补偿项目。环境补偿项目包括清洁生产、环境恢复、生态保护等，应重视完善我国现有环境补偿项目的应急措施，对政府、地方应急部门、相关计划团体等积极提供帮助，环境补偿项目的任务包括评价相关有害物的危险性、制订应急反应计划、培训应急反应人员等；同时，要重视群众健康，对违规行为对人体健康造成的直接、间接或长期潜伏的危害进行诊断和分析。二是鼓励污染预防的开发利用。为污染预防项目提高抵税优惠额度，扩大清洁生产的受惠范围。例如，用加速折旧的方法来降低企业纳税额，对污水处理设施、重油脱硫设施等进行相关规定；对"低公害"环保车辆减免购置税；政府部门向新产品试制者提供低息贷款和进行新产品的采购、包销，支持高技术领域的研发工作。三是建设国家环境友好企业。一方面，国家对审核通过的企业授予"国家环境友好企业"称号，并提供奖励、颁发奖牌和荣誉证书。同时，加大有关"国家环境友好企业"的宣传力度、扩大宣传范围，使广大消费者、生产者能切实了解到"国家环境友好企业"的相关动态，让"友好企业计划"与企业的经济效益直接关联，推动污染预防、清洁生产。另一方面，使"友好企业计划"更加适合中小企业。"国家环境友好企业"计划可以向各类中小企业有所倾斜。比如，地方环保部门可以与中小企业合作制定绿色明确、持续可行的发展规划，并在实施过程中给予帮助。

四 有效利用环境规制推进产业转移

第一，加快产业结构优化转型。环境规制能够帮助企业调整产业结构，并借助产业结构调整对经济发展质量和区域协调发展产生影响，一方面能够进一步优化和整合企业的各项要素，提高企业的经济质量；另一方面能够对企业的进入途径进行优化，吸引环保企业以及节能企业进入市场，从而不断调整产业结构，提高经济发展质量。因此，为了最大限度地发挥环境规制对提高经济发展质量的作用，我们在优化产业结构时，需要整合传导途径。一是提供制度支持，帮助企业落实清洁生产活动，并制定优惠制度，协助企业更新设备、进行技术创新，推动企业向环保企业转型，对那些高耗能但又不使用节能减排方式的企业采取硬性策略；同时，在调整产业结构时，利用硬性策略和鼓励策略相结合的方式，支持企业生产节能产品。二是带动产业结构的升级和转型，使其以工业为中心转变为以服务业为中心，主要方式是颁布与服务业发展相关数据政策，加大第三产业在结构中所占的比重。三是构建产业转移和环境规制联动系统，针对性地设置环境规制准入门槛，提高准入门槛和加强环境规制力度将迫使高污染以及高效能的企业进行生产转型。另外，严厉打击那些与准入标准不相符的企业和项目，对其进行实时监测和评价，对环境风险较大的项目进行调查和整改。

第二，在有效的环境规制中稳定就业。环境规制会使企业倾向于用资本代替劳动力进行污染控制和清洁生产，不仅会对就业结构产生影响，还会对经济发展的质量产生一定影响。所以，我们必须从多方面对就业传导渠道进行改进，从而在有效的环境规制下稳定就业。首先，发挥优势企业的带头作用。地方政府部门可以安排其他企业参观优势企业，通过现场教学的方式，向其他企业宣传优势企业的管理方式，提高其他企业的生产力。其次，建立集产、教、研、用于一体的平台。地方政府部门可以借助该平台，加强市场需求与清洁技术创新之间的联系，减少人力资源的浪费，不断提高环境的利用效率，加大支持产业创新的力度。最后，将环境规制和稳定就业相结合。地方政府在规划环境规制时，需要着重考虑不同产业之间的差异性，提供相关培训，保证就业形势的平稳。

第三，创新环境监管体系。首先，重视环境规制和管理。产业转移的转入地区，必须加大环境保护的力度，阻止那些通过破坏环境促进经济增长的行为，不断完善环境保护绩效考核方案。同时，从地区之间的差异出发，根据实际环境，制定个性化的环境管理方案，出台与当地经济发展水平相一致的环保政策。其次，保持经济增长和环境保护的协调发展。在早期就进行严格的环境评估，而不是"先污染后治理"，并引导企业投入资金进行清洁技术的研发工作。对外贸易比较广泛的地区可以借助外商投资推动企业技术创新，进一步带动产业升级。政府需要加大对环保技术创新项目的支持力度，支持企业采取各种措施提高自身竞争力。同时，企业应关注产业创新以及专业技术人才的培养。最后，合理吸引投资。由于经济发展水平不同，各地区应按照其发展的真实情况接受产业转移，并对该地区产业发展的实际情况以及该地区所享有的资源进行分析和研究，吸引优秀企业转入该地区，进一步带动该企业上下游供应链的发展。另外，建议把吸引投资的重点从数量转向质量，避免投资环境污染严重的行业。

第二节　推动区域协调发展

本书的第二个研究问题是利用产业转移推动区域协调发展是否可行，所以在本节中，将从推动区域协调发展的角度出发，结合本书的理论与实证结论，提出相应的政策建议。

一　充分利用宏观调控机制

第一，综合调控和精准调控相结合。首先，调查和研究我国区域协调发展的实际情况，对各项策略进行分析和研究，比如西部大开发策略、东北老工业基地发展、关天经济区、"一带一路"倡议、成渝经济区、京津冀协同发展、长江经济带发展、区域协调发展战略等，并对目前区域协调发展过程中存在的问题进行分析和研究，明确未来的发展方向。其次，按照中央政府部门在分配各项资源和制定政策时的要求，整理和汇总带动区域经济发展的各项政策，确定可行的策略。再次，结合发展方向和目前的政策方案，对区域协调发展的目标进行明确。最后，在选择制度和政策方面，应利用综合治理的方法处理各地区存在的共性问题，不同地区的经济发展水平不同，所以相同的问题会呈现不同的影响，我们可以借助调整处理手段的方式，保证科学、合理的调控。

第二，直接支持手段与间接干预手段相结合。首先，从财政税务制度出发，建立重点扶持项目，借助中央财政对转移支付进行调整。一方面，采取个性化方案，增强基础设施建设，进一步促进各地区的经济发展；另一方面，借助各种策略，比如提供专项资金等，加速产业转移，进一步带动其他地区的经济发展。其次，在产业制度层面，制定促进区域经济发展的规划，并对区域发展的实际情况和具有的资源优势进行分析和研究，并以此为基础，加大对其他地区的支持力度，减少产品生产所需要的资金，推动产业转移，进一步带动地区经济发展。除此之外，支持服务业在其他地区的发展，对产业配套系统进行完善。最后，加大政策扶持的力度。借助人才政策，引导高科技人才投身各地区的经济建设，提高该地区的劳动力素质，优化劳动力结构，进一步提升该地区的生产效率。

第三，绩效评估与创新区域合作制度相结合。首先，创新区域协调合作机制，既要建立不同地区之间的对口援助机制，又要制定合作共赢制度。本书从理论角度出发，对产业转移的负面影响和正面影响进行了研究和分析，同时还分析了产品转移对转入地区产生的短期效应和长期效应，对中央政府部门提出了一定的要求，中央政府部门必须着重考虑不同地区之间的差异，建立协调发展制度，加强区域经济联系，通过对口援助的形式，优化地区要素禀赋结构，促进区域经济发展。其次，以产业发展规划为前提，运用政策手段和经济手段，建立地区间协调机制，避免出现区域间过度竞争的现象。最后，对区域发展绩效评价制度进行修改，使绩效评价机制的重点从数量增长转变为质量增长，提高人们的生活质量，进一步促进经济的可持续发展。

二 明确转变地方政府部门的职责

第一，明确地方政府部门的角色定位。地方政府部门应从自身的优势出发，选择与该地区经济发展有关的产业，确立合适的产业发展计划。同时，创造优良的环境，进一步带动产业发展。

第二，明确地方政府部门的发展目标。假如地方政府部门只重视短时间内的经济发展，会加剧区域之间的竞争，在一定程度上会阻碍经济的发展。因此，地方政府部门应明确重点，抓好质量提升，将外部约束转化为内部约束，对经济发展方式进行整改，关注资源的二次利用，采取强制性措施保护生态环境。同时，要以长远的眼光看问题，制定和完善区域发展规划，加强区域之间的协作与沟通，降低竞争压力，防止只顾眼前利益而选择与该地区发展不相符的产业，发挥该地区的优势作用，构建与区域经济发展一致的发展模式。

第三，积极发挥地方政府部门的作用。一方面，地方政府部门要对各地区的优势进行明确，选择符合该地区发展的产业，制定产业发展方案。同时，避免通过行政手段过度干预资源配置，要发挥区域的比较优势，进一步带动产业发展，不管是引进相符的产业或者是带动产业转型，都应发挥市场机制的调整作用。另一方面，地方政府部门在产业发展中应注重区域比较优势的发挥，坚持在区域比较优势的动态视角下，及时推动产业升级和区域发展模式优化。另外，重点引入技术水平较高的产业，吸引高技术人才加入，并对人才进行培训，对区域产业发展的质量以及要素结构进行提升和优化，进一步提高生产效率，促进区域产业转型升级，提升区域经济增长质量。

三　促进环境规制与区域经济的协同发展

第一，因地制宜制定和实施环境规制。我国不同地区在经济发展水平、居民经济水平、企业类型、产业结构等方面均存在差异，如果制定相同的环境规制，对行业的和谐发展会产生不利影响，从而弱化环境规制在促进经济发展中的作用。因此，环境规制在制定过程中一定要参考当地的实际情况，将地区间差异与实际情况结合起来综合考量，最终制定符合当地发展现状和环境现状的环境规制。首先，将环境规制进行详细划分，根据不同的实施对象制定不同的标准，根据区域、行业、环境确定环境成本以及相关的处罚标准。其次，对环境规制政策的使用要灵活，不能用一种政策解决所有环境问题，可以将相关政策进行整合使用。比如，针对污染情况较为复杂的地区，相关部门可以通过力度大的环境规制对污染进行治理。最后，根据不同情况对环境规制力度进行调整。一个地区的污染情况受到多方面因素的影响，地区内企业的类型占比、数量情况都会对其污染程度产生影响，这也是决定环境规制力度的主要因素。同时，一些污染企业的转入会对该地区的环境造成影响，所以需要对环境规制力度进行调整。比如，高污染企业的转入会使该地区的绿色产业占比大大减少，针对这种情况，该地区的政府部门应该采取干预措施，加大环境规制力度，采取更加稳定的环境规制措施。

第二，协调环境治理与区域经济发展之间的关系。在现代化的发展形势下，环境资源成为决定区域经济稳定发展的重要因素。想要保证经济良性发展，就需要协调好环境治理与区域经济发展之间的关系。因为环境资源具有一定的外部性，环境污染产生的连锁反应会使环境与经济发展的关系具有不稳定性。处理这些情况的主要措施有以下几种。一是地方政府部门需要协调环境保护与污染严重的工业企业之间的关系。一般而言，工业企业是维持当地经济的重要产业，地方政府部门为了保证该区域生产总值的增长，经常会给工业企业提供政策上的优惠。在这种情况之下，地方政府部门在鼓励企业发展经济的同时，需要对其污染情况进行严格的监控，对污染物的排放要进行严格的管理，鼓励企业通过开发新的技术走绿色生产的道路。二是实现经济与环境的和谐发展，地方政府部门应起到引导作用，不能一味发展区域经济而忽视环境治理，要增加对环境治理的投资，且资金的发放应该由上级部门进行管控。在污染程度较高、治理难度较大的区域，应采取转移支付的方式发放资金，从而保证环境治理措施的有效落实。三是地方政府部门实施补贴机制。为实现企业的清洁生产，地方政府部门可以对积极参与环境治理的企业，采取政策优惠和财政补贴的措施，从而有效提升企业参与绿色生产的热情。四是对地方政府部门工作人员的晋升机制进行改革。传统模式下地方政府部门工作人员在晋升考核时最重要的指标是区域生产总值的增长，这就使地方政府部门的工作核心与区域生产总值紧密相关，没有充分重视和利用环境资源。因此，应把与环境治理有关的指标纳入地方政府部门工作人员的晋升和考核体系，打破原有框架，建立环境连带奖惩制度，从而达到规范工作人员行为的目的。

第三，发挥中心城市、城市群的榜样作用。环境与经济之间的关系说明，环境规制会产生连锁反应。地方政府部门在积极实施环境规制的过程中，当地的环境规制力度和经济发展情况都会受到影响。因此，环境规制在中心城市和城市群中的作用不可忽视。一是应以中心城市为主，推进区域协调发展。深入开展点轴式发展战略，推动各地区发展。二是应将城市群作为支撑点，在环境规制下发展和建立产业和机构，推广环境规制业务，解决周边地区的环境问题，防止环境治理过程中产生外溢效应。三是在环境治理的过程中，要借鉴其他地区的成功经验。环境规制落实的过程中可能遇到各种情况，环境治理效果不佳的地区，应该与环境治理效果表现良好的地区多进行交流，不断学习其治理经验，并结合本地区的实际情况，完善环境规制。

四 推进符合中国式现代化建设的区域协调发展战略

未来，应结合中央出台的各类文件和政策，坚持新发展理念，重点关注南北、东西发展问题，关注国家对长三角、京津冀、粤港澳等重点区域的发展定位，发挥城市群、都市圈辐射带动作用，并按照"三区三线"（"三区三线"是根据城镇空间、农业空间、生态空间三种类型的空间，分别对应划定的城镇开发边界、永久基本农田保护红线、生态保护红线三条控制线，是国土空间用途管制的重要内容，也是国土空间规划的核心框架）划分标准，对不同类型区域实行不同的发展举措，充分发挥各地区比较优势，推动区域协调发展迈向更高水平，为中国式现代化提供硬核支撑与不竭动能。

第一，建设现代化的区域协调发展体系。党的二十届三中全会通过的《中共中央关于进一步全面深化改革 推进中国式现代化的决定》（以下简称《决定》）提出，要"坚持系统观念，处理好经济和社会、政府和市场、效率和公平、活力和秩序、发展和安全等重大关系"。因此，建设现代化区域协调发展体系，一是要把握好政府和市场的角色定位。充分发挥有为政府的作用，明确政府工作职责，不断完善考核、财税等方面政策和机制，充分发挥市场在资源配置中的决定性作用，厘清政府和市场之间的空间界限。二是要加强要素市场与空间载体一体化。《决定》强调，要"完善区域一体化发展机制，构建跨行政区合作发展新机制"。其中，区域一体化的重点和难点在于要素市场的一体化。随着经济社会的快速发展，市场要素的流动和配置开始超越原有的行政边界，通过区域间的合理分工与有效合作，促进要素在区域间的自由流通。三是要加快确立国内大循环主体地位的双循环新发展格局，打破行政壁垒，构建全国统一大市场，持续扩大对外开放。四是认清地区发展阶段和现实情况，坚持先发地区和后发地区分工协作，尤其是后发地区要主动作为，寻求合作，促进地区间共享发展资源。

第二，构建高质量发展的区域经济布局。《决定》提出，要"健全主体功能区制度体系，强化国土空间优化发展保障机制"。要处理好经济活动扩张与国土空间有限之间的矛盾，构建起高质量区域经济布局。一是提高对顶层设计的认知程度。从战略角度出发，认真研究中央提出区域发展战略的目的，进一步研究彼此之间的逻辑脉络，对接全国各类区域空间规划，建立互联互动、优势互补的区域经济布局框架。二是发挥城市群和都市圈的辐射带动作用。生产要素具有趋利避害的天然属性，随着工业化、城镇化的不断推进，人口、资金等生产要素会向发展程度高的城市群或都市圈地区聚集。因此，要加快推进以人为核心、以产业为依托的新型城镇化，继续发挥大城市发展的独特优势，建立核心地区与周边地区的合作联系，促进县域城市发展，建立大中小共存共生的城市格局。三是完善区域空间治理体系。治理体系的完善与否直接关系政策实施效果的好坏，要紧盯影响区域发展的重点环节，从上到下、从大到小、从里到外，在规划、政策、机制、法律等影响区域发展的方面集中发力。四是全面推进乡村振兴。紧抓产业振兴这个牛鼻子，以产业发展带动农民增收、吸引人才等，塑造乡村发展新优势。五是坚持绿色发展理念。强化生态环境在区域发展中的重要性，协调好经济发展与生态保护之间的关系，严格遵循国家"三区三线"划定标准，强化对农业空间、生态空间的利用和保护，建立区域合作与补偿机制，推动生态脆弱区、粮食主产区等地区发展。

第三，因地制宜培育与发展新质生产力。高质量发展作为全面建设社会主义现代化国家的首要任务，因地制宜培育和发展新质生产力，不仅能为区域高质量发展提供内生动力，还可以为区域优势互补奠定空间基础。一方面，培育与发展新质生产力可以加强优势互补。不同地区在地理位置、科技水平、资源禀赋等方面存在不同，形成了不同的比较优势。随着新质生产力的不断发展，这些传统优势得到了前所未有的强化和拓展。例如，东部地区在技术、资金等方面具有很强的竞争力，在战略性新兴产业、未来产业所涉及的重点领域、重点产业能形成更强的发展优势。另一方面，培育与发展新质生产力能够形成新的比较优势。以东北为例，随着新质生产力的发展，引入智能化制造，能够提升传统重工业的生产效率和生产质量；同时，可以通过不断技术创新改善生产工艺，适应市场需求，解决生产难题，突破发展瓶颈。另外，在新领域、新产业方向，各地区通过新质生产力的发展，争先抢占发展机遇，布局重点产业，塑造地区发展新优势，进而缩小地区间发展差距，促进区域高质量发展。

第三节　西部地区加强环境规制与推动区域协调发展的政策建议

——以陕西省为例

本书的第三个研究问题是通过环境规制促进产业转移进而推动区域协调发展能否生效，所以本节将针对西部地区环境规制与区域协调发展的共性和特性问题开展研究，并以陕西省为研究对象，聚焦新时代新格局下国家重大战略导向和陕西省经济社会发展的前瞻性问题，从协同推进陕西省高水平保护与高质量发展、加快完善陕西省生态产品价值实现机制、持续提高陕西省城乡一体化发展质量、健全陕西省区域高质量协调发展路径等四个方面提出加强环境规制与推动区域协调发展的政策建议，希望能够以点带面，为西部地区经济社会发展相关问题提供借鉴。

一　协同推进陕西省高水平保护与高质量发展

环境规制的目的是生态保护，而生态保护与经济发展并不是"二选一"的选择题。2024 年 4 月 23 日下午，习近平总书记主持召开新时代推动西部大开发座谈会时强调，"要坚持以高水平保护支撑高质量发展，筑牢国家生态安全屏障"。高质量发展和高水平保护是相辅相成、相得益彰的，高质量发展是高水平保护的前提，高水平保护是高质量发展的重要支撑，能够提升高质量发展的品质。近年来，陕西省深入学习贯彻习近平总书记来陕考察重要讲话重要指示精神和习近平生态文明思想，强化生态环保使命担当，推动黄河流域、秦岭区域生态环境质量持续改善，以高水平保护支撑高质量发展的成效显著，但仍存在生态环境保护压力较大、绿色低碳转型任务较重、绿色新质生产力不足等短板弱项。

为此，本书提出了进一步协同推进陕西省高水平保护与高质量发展的三方面建议：坚持"严"基调，持续加力高水平保护，夯实高质量发展"绿色基底"；塑造"新"优势，加快产业体系绿色低碳转型，打造高质量发展"强健载体"；培育"新"动能，由"绿"向"新"发展新质生产力，打造高质量发展"创新引擎"。

（一）陕西省以高水平保护支撑高质量发展的成效总结

第一，高水平保护制度框架基本确立。一是顶层设计不断加强。推动落实生态环境保护"党政同责""一岗双责"，成立由省委书记、省长为主任的陕西省生态环境保护委员会，出台《中共陕西省委　陕西省人民政府关于全面加强生态环境保护　坚决打好污染防治攻坚战的实施意见》。二是政策体系逐步形成。出台《陕西省秦岭生态环境保护条例》《陕西省渭河保护条例》《陕西省饮用水水源保护条例》等，"四梁八柱"政策体系逐步建成。三是体制机制日益健全。河湖长制、国家公园体制试点、环保机构垂直管理等改革落地见效，生态环境补偿制度深化扩展，生态环境损害赔偿制度不断完善。

第二，高水平保护成效走在全国前列。一是重点区域生态质量持续提升。秦岭生态环境质量持续向好，秦岭陕西段环境优良面积达99.3%。2023年，黄河流域陕西段国控断面Ⅰ类—Ⅲ类比例达95.4%，2013~2023年累计完成营造林9100多万亩，绿色版图向北推进400多公里。二是蓝天、碧水、净土保卫战成效显著。

国考 10 个设区市空气质量综合指数同比改善 1.4%；平均优良天数 291 天，同比增加 3.2 天；111 个国控断面中Ⅰ类至Ⅲ类水质断面比例为 97.3%，优于年度考核目标 6.3 个百分点。

第三，绿色低碳产业体系加速形成。一是生态产业化、产业生态化扎实推进。聚焦商洛生态产品价值实现机制试点，持续扩宽"两山"转化渠道；围绕渭北陕北苹果、秦岭南北猕猴桃、陕南食用菌、秦巴富硒农产品等，实现好山好水有"颜"更有"值"。二是能源产业绿色转型持续推进。由"黑"转"绿"工作成效显著，基本形成煤制油、煤制乙二醇、煤基高端化工等现代煤化工产业链，煤制烯烃产业链产值规模超千亿元。三是现代化产业体系日趋成熟。产业"含新量"和"含绿量"持续提升，2023 年，新能源汽车、太阳能光伏等 9 条产业链产值增速超过两位数，新能源装机总量突破 4000 万千瓦；半导体、航空产业产值位居全国前列。

第四，绿色低碳高质量发展动能不断蓄积。一是科技创新能力不断提高。高规格出台西安"双中心"建设支持政策，一体推进省级"两链"融合专项和"揭榜挂帅"项目，延长煤油气综合利用项目获中国工业大奖，隆基太阳能电池转换效率刷新世界纪录。二是转型升级能力加快培育。2023 年，陕西省累计创建绿色工厂 347 家、绿色工业园区 16 个、绿色产品 40 种；培育国家级智能制造示范企业 38 家、优秀场景 17 个；文旅重点产业链产值突破 7700 亿元。三是数字赋能显著增强。陕西入选首批数字化转型贯标试点省份，国家超算西安中心、未来人工智能计算中心等建成投用；2023 年，培育数字化场景应用 55 个，数字核心产业增加值同比增长 17.5%。

（二）陕西省推进高水平保护与高质量发展的短板弱项

第一，生态环境保护压力较大。生态环境保护的结构性、根源性、趋势性压力仍然存在，生态环境质量稳中向好的基础还不牢固，尤其是大气环境质量还处于"气象影响型"阶段，污染防治攻坚战任重而道远，生态环境质量同党中央要求和群众期待间还有较大差距。

第二，绿色低碳转型任务较重。陕西省能源基地集中，煤炭采选、煤化工、有色金属冶炼及压延加工等高耗能、高污染企业较多；制造业整体竞争力偏弱，战略性新兴产业发展不足，高能耗、高碳化发展路径依赖明显，减污降碳面临较大的结构性压力，"双碳"目标下转型任务繁重。

第三，绿色新质生产力不足。部分产业核心零部件、先进工艺、技术研发相对滞后，绿色产业、低碳技术、绿色金融发展相对不足。大多未来产业属于"幼小产业"，存在资金投入大、成长不确定性大、培育周期长、回报周期长等特点。大量中小企业对"上云上平台"存在顾虑，数字化升级改造难度较大。

（三）关于陕西省进一步协同推进高水平保护与高质量发展的建议

第一，坚持"严"基调，持续加力高水平保护，夯实高质量发展"绿色基底"。陕西省要坚持"严"的主基调，持续推进综合治理、系统治理、源头治理，加快推进人与自然和谐共生的现代化美丽陕西建设。一是以用地结构调整为基础优化国土空间开发保护格局。强化国土空间规划和用途管控，落实基本农田、生态保护、城镇开发等空间管控边界，实施主体功能区战略，严守生态保护红线。优化各类发展用地结构，完善重要生态功能区、沿江河湖库地区、城镇人口密集区的生产布局，建立健全产业准入正负面清单，划出生态缓冲带，更好防范化解环境风险、促进人与自然和谐共生。二是以更精准的举措提升重点区域生态系统质量和稳定性。严格落实"四水四定"，深入打好荒漠化综合防治和黄河"几字弯"攻坚战。深入落实《生态保护补偿条例》，逐步建立黄河流域省内横向生态补偿机制，鼓励相关地区、流域建立多种方式横向补偿关系。统筹抓好减沙控沙、治水治污、优能优产、利民惠民，守护好母亲河。当好秦岭卫士，健全常态化长效化保护体制机制，动态排查整治"五乱"问题，科学推进生态保护修复，持续完善智慧监管体系，坚决防范森林火灾。三是以更严标准深入打好蓝天、碧水、净土保卫战。加强汾渭平原大气污染防治协作，抓好夏季臭氧污染防控和秋冬季治污降霾攻坚任务。统筹水资源、水环境、水生态治理，持续提升重点流域综合治理成效。深化土壤污染防治，有效管控农用地和建设用地土壤污染风险。

第二，塑造"新"优势，加快产业体系绿色低碳转型，打造高质量发展"强健载体"。陕西省应把产业绿色低碳转型升级作为主攻方向，加快推进生态产业规模化、能源产业绿色化、制造业先进化，构建特色鲜明、结构合理、链群完整、竞争力强的绿色产业体系。一是着力培育优势特色生态产业。以商洛市入选国家生态产品价值实现机制试点为契机，聚焦构建特色生态产品目录清单，因地制宜拓展生态产品经营开发模式，健全生态产品保护补偿机制，探索特定地域单元生态产品价值评估办法及其应用等方向领域，率先在秦岭区域完善生态产品价值实现机制。做大做强茶叶、木耳、菌菇、瓜果等优势特色农业，持续壮大"养、游、体、药、食、医"等大健康产业，促进林业产业向集约化、规模化、标准化和产业化发展，充分利用中药材资源和产业发展优势，打响秦岭中药材"秦药"品牌。二是加快能源产业绿色低碳转型。推动煤化工产业高端化、精细化发展，提高石油采收率、煤炭回采率，坚持煤向电力转化、煤电向载能工业品转化、煤气油盐向化工产品转化，推进就地深度转化，拓展油气多元化利用途径，延伸发展下游深加工和终端应用产品。汲取山西、内蒙古、甘肃等传统能源大省及浙江、广东等新能源强省发展经验，以传统能源现代化、新型能源创新化、数字赋能智慧化推进能源产业转型升级，打造西部地区积极探索资源型地区转型发展路径的"陕西模式"。三是推动传统产业向中高端迈进。锚定陕西省有色、冶金、食品、纺织等传统产业高端化、智能化、绿色化、融合化的发展方向，聚焦多能互补、智慧用能、能效管理等重点领域，统筹协调推进产业基础再造、重大技术装备攻关、产业链提升等工程。引导数控机床、金属深加工、半导体、白酒等制造业重点产业链开展机器换人、设备换芯、生产换线和产品换代，围绕龙头企业构建"一企一链"集群模式，精准对接上下游、产供销需求。

第三，培育"新"动能，由"绿"向"新"发展新质生产力，打造高质量发展"创新引擎"。深入理解"新质生产力本身就是绿色生产力"，以创新驱动稳步推进、新兴产业抢滩占先、未来产业破冰布局为落脚点，打造高质量发展新引擎。一是加快建设国家创新高地。锚定西安"双中心"建设"黄金窗口"，加快推动"四链"深度融合，加强科技与经济、成果与产业、项目与生产、研发与收益的对接力度，强化秦创原示范带动效应，建立健全陕西实验室科技体系。同时，更好发挥西北工业大学、西安交通大学、西北农林科技大学、西安电子科技大学等研究型大学基础研究主力军和重大科技突破生力军作用，聚焦绿色产业、低碳技术、绿色金融等生态领域，靶向部署科技重大专项和重点研发计划，通过"校招共用"模式打造人才"蓄水池"。二是推动战略性新兴产业链式布局、集群发展。实施重点产业链高质量发展行动，聚力打造现代能源、先进制造、战略性新兴产业、文化旅游等万亿级产业集群，坚持推行绿色减碳措施、融入绿色低碳指标，推进供应链智能化、绿色化升级。同时，大抓链式创新、链式招商、链式服务，围绕新能源汽车、太阳能光伏、航空航天、高端装备、新材料新能源、食品和生物医药、智能电网、低空经济、信息技术等打造优势产业集群，争取更多产业步入国家级先进制造和战略性新兴产业集群行列。三是前瞻布局抢占未来产业制高点。积极推进"登高、升规、晋位、上市"四大工程，以颠覆性技术和前沿技术催生新产业、新模式，聚焦新兴数字产业、人工智能、量子信息、基因技术、光子、氢能、低碳经济等重点领域，加快未来产业发展。同时，基于秦创原总窗口，布局建设一批产业创新聚集区和创新应用先导区，扩大已有的"种子+天使+创投+产投+并购"基金集群规模，促进中小企业发展。

二 加快完善陕西省生态产品价值实现机制

2025年《政府工作报告》提出，健全生态保护补偿和生态产品价值实现机制。习近平总书记对生态产品价值实现高度重视，早在 2005 年 8 月 15 日就首次提出"绿水青山就是金山银山"的重要理念和科学论断，指明了实现发展和保护协同共生的新路径。2025 年是"绿水青山就是金山银山"理念提出 20 周年，健全生态产品价值实现机制既是落实"让绿水青山转化为金山银山"的核心制度安排，也是党的二十届三中全会部署的重点改革任务。

近年来，陕西省深入学习贯彻习近平生态文明思想，针对生态产品价值实现的"四难"问题系统推进改革试点工作，积极探索生态产品价值实现的有效路径，取得了初步成效，但仍面临政策推进力度有待加强、市场化机制不健全和要素支撑不足等挑战。未来，需从以下三个方面加快完善陕西省生态产品价值实现机制：强力度，统筹全域推进和重点突破，点燃高位推进"发动机"；增厚度，加快建设现代化生态经济体系，打造增值溢价"强载体"；拓广度，畅通各项要素支撑通道，注入博采众长"推进剂"。

（一）陕西省健全生态产品价值实现机制的成效总结

第一，前端组织调查评价，夯实生态产品价值实现的基础。一是稳步推进生态产品调查监测。商洛市开展生态产品基础信息调查，形成气候、土壤、植被、土地利用、水资源等生态环境空间基础数据。汉中市开展自然资源统一确权登记试点，明确生态产品权责归属，有序推进农村土地经营权流转，累计流转土地 135 万亩。安康市自然资源统一确权登记试点——陕西省女娲山省级森林自然公园统一确权登记项目顺利通过省级验收。二是创新探索生态产品价值评价方式。2023 年，汉中市联合中国科学院生态环境研究中心，开发本地化 GEP 核算模型，涵盖水源涵养、土壤保持、气候调节等 9 类指标。2025 年，商洛市发布《商洛市特定地域单元生态产品价值（VEP）评估技术规范》《商洛市生态产品商标价值评估规范》《商洛市生态产品（农业类）评估规范》3 项市级地方标准。

第二，中端加强生产经营，推动生态产业化、产业生态化向新向好发展。一是品牌化运作促进生态产业溢价。柞水县依托"小木耳"产业，构建"菌种研发—种植—深加工—电商销售"全链条，2023 年产值突破 10 亿元，带动 1.2 万余名农户年均增收 8000 元。二是融合化发展促进生态文旅繁荣。朱鹮栖息地（洋县）推出"观鸟+研学+民宿"模式，2023 年接待游客 85 万人次，综合收入 4.3 亿元。秦岭国家公园周边发展"生态康养"，建成高端民宿集群 32 个，平均入住率超 70%，年产值达 20 亿元。三是探索生态产权交易激活"沉睡"生态资源。榆林市依托百万亩防风固沙林，开发陕西首单林业碳汇项目（CCER），2022 年向华能集团出售 5 万吨碳汇，单价 50 元/吨，收益用于扩大沙地造林。延安市将革命纪念地周边的森林碳汇包装为"红色碳汇"，吸引企业通过购买碳汇履行社会责任，2023 年交易量达 2 万吨。

第三，后端强化要素保障，推动生态产品价值加速释放。一是完善生态保护补偿机制。2022 年，陕西省财政厅会同有关部门出台《陕西省生态保护纵向综合补偿实施方案》等纵向生态补偿政策，共计安排补偿和奖补资金 3.3 亿元，充分激发市县生态环境保护内生动力。二是创新平台化交易机制。发布《陕西省发展和改革委员会关于贯彻落实〈公共资源交易平台建设与运行规范〉六项地方标准的通知》，逐步将适合以市场化方式配置的自然资源、排污权交易等纳入公共资源交易平台。三是加强绿色金融创新。发行全国首单"秦岭生态修复专项债券"（规模 10 亿元），资金用于矿山修复、生物多样性保护等项目。陕西省农信社推出"生态贷"，以林权、水权等为抵押物，向农户和小微企业提供低息贷款，累计发放贷款 42 亿元。

（二）陕西省健全生态产品价值实现机制的短板弱项

第一，政策推进力度有待加强。生态产品价值实现工作仍以秦巴山区的陕南三市为主，相较于全国其他地区，陕西省全面推进的工作强度不够，国家级生态产品价值实现典型案例数量偏少。

第二，市场化机制不健全。产权界定较难，部分生态资源（集体林权、河流水域）权属不清，导致交易主体资格难以确认。生态产品定价科学性不足，未充分反映生态稀缺性和市场需求。生态产品经营开发水平不高，生态产业弱、小、散，生态溢价仍然偏低，叫得响的生态品牌不多。

第三，要素支撑不足。财政投入有限，资金缺口大，社会资本参与渠道不畅，绿色金融产品创新不足。技术支撑不足，生态产品价值核算技术不成熟，核算方法差异较大。专业人才匮乏，高校和科研机构对生态产品价值实现的研究起步较晚，人才培养体系尚未健全，难以满足实际需求。

（三）陕西健全生态产品价值实现机制的政策建议

第一，强力度，统筹全域推进和重点突破，点燃高位推进"发动机"。2025 年是"绿水青山就是金山银山"理念提出 20 周年，陕西作为生态大省，应抢抓关键时点重要机遇，统筹全域推进和重点突破，加快开创高位推动、全面起势新局面。一是构建

"一核三区多节点"的生态产品价值实现空间格局。依托西安的科技、金融和消费能力，构建陕西生态产品价值实现工作体系。差异化推进陕南、陕北、关中"三区"发展路径：陕南（秦巴生态屏障区）探索推进"生态保护+绿色产业"深度融合，坚持以高水平保护支撑高质量发展，通过"生态产业化"和"产业生态化"共同作用来推动"两山"转化；陕北（黄河流域生态修复区）聚焦探索"碳汇经济+生态修复补偿""矿区修复+新能源开发"等循环模式，即以碳汇经济拓宽生态修复、生态补偿的投入渠道，结合财政纵向补偿、地区间横向补偿、市场机制补偿等机制，全面推进矿山生态修复治理和新能源产业开发；关中平原城市群探索"生态产品供需精准对接"的实现模式，推进生态产品供给方与需求方、资源方与投资方高效对接，提高生态产品在生产、流通、分配和消费环节的流动效率。同时，选取 10~20 个县重点打造县域生态产品价值实现示范点，蹚出县域实践创新之路。二是强化商洛国家试点示范辐射效应。聚焦构建特色生态产品目录清单、因地制宜拓展生态产品经营开发模式、健全生态产品保护补偿机制、探索特定地域单元生态产品价值评估办法及应用等国家试点重点方向领域，率先探索生态产品价值实现机制改革的经验做法。三是尽快启动"十五五"专项规划研究。目前，国家层面和江西、湖南、广西等省份都在谋划出台生态产品价值实现机制"十五五"专项规划。陕西省应加快启动规划研究，论证其建立生态产品价值实现机制的主要思路和关键举措，建立健全保护者受益、使用者付费、经营者获利、损害者赔偿、所有者普惠等机制。

第二，增厚度，加快建设现代化生态经济体系，打造增值溢价"强载体"。陕西省应以生态产业化、产业集群化、集群品牌化为主攻方向,通过生态产业化激活资源价值、产业集群化扩大规模效应、集群品牌化提升市场溢价,实现生态资源高效转化与经济高质量发展的有机统一。一是聚焦三大核心赛道,构建全链条生态产业体系。发展富硒茶、菌菇、中药材等特色生态农业产品,打造"有机认证+地理标志"双驱动模式。开发秦岭国家公园研学、朱鹮生态观鸟等高端产品,打造生态文旅产业。依托区域生态环境和自然禀赋,大力发展光伏、风电、制氢等新能源产业。二是加强空间布局和链式整合,形成产业集聚规模效应。依托秦巴山区生物多样性,发展中药材、有机农业、生态康养等产业,打造秦巴生物经济带。依托黄土高原矿区"光伏+生态修复"一体化开发,发展沿黄绿色能源带。依托关中产业体系齐全、技术先进、消费场景众多的优势,发展生态产品精深加工、创意赋能等产业,打造关中绿色制造带。三是加快塑造区域生态 IP,提升生态产品溢价能力。成立"陕西生态优品联盟",统一"秦岭生态"标识,打造地理标志品牌矩阵,涵盖茶叶、菌类、中药材等主要产品,加快实行质量追溯码管理,推进国内国际标准衔接,实现从"产品输出"到"价值输出"。

第三,拓广度,畅通各项要素支撑通道,注入博采众长"推进剂"。生态产品价值实现是一个周期长、见效慢的工作,陕西省应持续畅通金融、技术、人才等要素保障支撑通道,不断拓展生态产品价值实现的路径。一是加大绿色金融支持力度。推动在陕金融机构在市场化、法治化的原则下,基于特定地域单元生态产品价值评估结果探索开展抵押融资贷款的产品和服务。探索"生态资产权益抵押+项目贷"模式,支持区域内生态环境质量提升及生态产业发展。二是强化生态产品核算支持。制定省级技术规范，根据国内外生态产品核算实践普遍情况，明确秦巴山区、黄土高原、关中平原的差异化核算标准，统一生物多样性、水源涵养和碳汇等重要指标计量方法，确保几类重要指标的总权重在75%以上。建立"云平台"，实现县域数据实时填报、自动校核、可视化展示。三是加强智库培育和人才培养。建立陕西省生态产品价值实现机制专家委员会，培育设立生态产品价值实现机制研究中心等智库机构，推动重要基础性理论取得突破，为健全生态产品价值实现机制提供有力智力支撑。在陕西省重点高校和各级党校（行政学院）开设生态产品价值实现机制课程，持续培养专业化理论人才和复合型实践人才。

三　持续提高陕西省城乡发展一体化质量

城乡发展一体化是城乡生态环境的有机结合，能够保证自然生态过程畅通有序，促进城乡健康、协调发展，是加强环境规制、促进城乡环保一体化的前提条件之一。同时，随着区域重大战略、区域协调发展战略持续实施，我国城乡区域发展协调性、平衡性明显增强，优势互补、高质量发展的空间布局框架初现，区域一体化发展呈现崭新局面。因此，本书认为城乡发展一体化也是推进区域协调发展战略的重要抓手，本部分将以城乡发展一体化为切入点，提出陕西省加强环境规制与推动区域协调发展的政策建议。

经过多年快速发展，陕西省的城乡一体化建设取得了显著成效。无论是城乡居民的收入与生活水平，还是郊区城镇的基础设施与乡镇工业都有明显的提高与发展。但是陕西省仍然存在土地流转制度不完善、农村剩余劳动力转移困难、城乡空间布局不合理、农村社会保障体系不完善、各行政区之间发展不协调、生态环境保护相对经济发展较为滞后、城市与乡村之间有文化冲突以及二元结构影响城乡一体化进程等问题。这些问题既是陕西省城乡一体化进一步发展的制约因素，也是提升城乡发展一体化质量的突破口。

针对陕西省城乡发展一体化过程中存在的各种问题，为提升陕西省城乡发展一体化质量，本书在此提出促进城乡空间布局一体化、城乡经济发展一体化、城乡福利与保障体系一体化、城乡人口管理一体化、城乡生态建设一体化，城乡治理体系一体化等方面的政策建议，从而全面提升陕西省城乡发展一体化质量，为陕西省加强环境规制与推动区域协调发展提供一定助力。

（一）优化农村发展环境，促进城乡空间布局一体化

第一，强化区域规划，统筹城乡空间布局。统筹城乡空间布局必须强化区域规划，将各个中心城区与周边城乡接合地带以及乡村地区作为整体进行统一编制规划，探讨其在城乡产业、基础设施和生态建设等方面的统筹发展。同时，要根据各个区域的优势和特色明确发展方向，按照不同的发展功能将陕西省划分为都市发展区、新型工业区、农业生态区、文化旅游区等区域，带动城乡一体化发展。另外，要强化城乡空间联系，加快陕西省城乡交通网络建设，形成纵横交错的交通网络结构，在郊区与城市、城镇与农村之间形成多方式、多层次、多功能的现代综合交通体系。

第二，注重发展小城镇，建设城乡联系的中间站点。小城镇是连接城市和农村的中间站点，要因地制宜地推进小城镇的建设，优先发展具有一定人口和经济基础的小城镇，特别加强具有明显区位优势的中心镇、边贸镇的建设，凸显自身特色，挖掘自身及周边地区的自然资源、人文资源，彰显地域文化特色，走特色小城镇发展之路，增强自我发展的持续性；加快城镇配套功能建设，不断完善小城镇的道路等基础设施建设，逐步形成完善的配套设施；针对陕西省历史文化古迹众多的特点，小城镇要整体开发景点、注重景区管理和游客体验，打造可以连点成线、富有历史文化底蕴的旅游产业，带动周边地区经济发展；加强对小城镇管理制度的建设，发挥其长效作用。

第三，与时俱进，加强信息化建设，促进城乡经济协调联动发展。目前，城乡空间联系出现大集中、小分散的趋势，信息技术的兴起和传播，使城市和乡村之间的交流变得更加方便快捷，并使得城区范围进一步扩大，城市郊区化速度加快，城市郊区化的范围可以为城乡联系提供新的纽带，从而促进区域城乡一体化的进程。近年来，随着对外开放步伐的加快和"一带一路"倡议的提出，各类开发区、工业园和科技园等园区逐步落户陕西省，在现代信息技术的支持下，这些园区可以选择建在远离市区、交通便利、环境优美的郊区地带，进一步带动郊区地带基础设施发展，使城乡土地、劳动力和资本等生产要素在城乡之间流动，成为连接城市中心区和郊区的新节点。

（二）提升农村经济实力，促进城乡经济发展一体化

农村经济发展水平与城乡发展一体化进程是相辅相成的。城乡发展一体化进程取决于农村经济发展水平。事实上，没有经济现代化，就不可能有城乡发展一体化。城乡经济发展一体化主要表现为三大产业在城乡之间相互渗透、相互交融。因此，陕西省

在发展各城市经济功能的同时，要强化城市的辐射功能，加快农村经济集约化进程，提高具有陕西特色的现代城市化水平与城乡发展一体化水平。在推进城乡发展一体化进程中，陕西省应该实施整体发展战略，促进整个区域经济的协调发展，全面提高整个区域经济空间的组织化程度，有区别、有重点和有选择地将有限资源投入优势区域，以实现高效益的产出，从而带动其他地区。统筹城乡经济社会发展，就是在全面建成小康社会、加快推进社会主义现代化的进程中，把促进城市的建设发展与加快农村的建设发展结合起来，把推进经济增长与加快社会发展、环境建设结合起来，把发挥在市场资源配置中的机制性作用与发挥政府的宏观调控职能结合起来，逐步形成以城带乡、城乡一体、经济社会环境相互协调和可持续发展的格局。

第一，要充分发挥中心城区的辐射带动作用。中心城区在生产力发展、商品交换、交通以及通信等方面具有周边地区无法比拟的区位优势。当中心城区发展到一定水平时，会出现"溢出"效应，即中心城区的人才、技术、资金不断向周边地区扩散，从而带动周边地区发展，缩小城乡差距，提高城乡一体化水平。因此，中心城区的发展对陕西省城乡发展一体化具有重要作用，同时，各个城市应该充分利用自己的区位优势，提高第一产业的专业化水平，促进第二、第三产业的发展，发挥其生产潜力，提高经济水平。中心城区可以通过分工与合作，促进自身和周边地区在原材料、资本、技术和劳动力等方面的流动，为周边地区的原材料和初级产品等提供消费市场，同时向周边地区输出工业成品等，从而带动周边地区经济发展。

第二，要完善农村基础设施，使农村有能力承接城市产业转移。当城市经济发展到一定水平时会出现用地紧张、交通拥挤、环境污染等问题，以及地价上涨、生产成本提高等现象。因此，部分经济活动如初级产品加工等会向农村地区转移以获取较高的经济效益，这不仅会为农村地区经济发展提供有利的条件，也会促进农村地区劳动力要素向非农产业转移，增加农村地区的就业机会。此时，农村地区应充分利用其充足的劳动力、较低的地价和优惠的政策，完善基础设施、增加就业机会，从而促进经济发展。各城市应该充分利用其地理位置、人才等优势，进一步完善基础设施，广开招商大门，政府牵头建设相关产业园，形成工业集聚效应，并在发展的过程中积极引导其与周边地区及广大农村地区进行合作。因此，完善农村基础设施，积极承接城市部分产业转移是增加农民收入的重要方式之一。

第三，广大农村应自主推进农副产品加工，走农业产业化道路。农村地区应促进农业与加工工业相融合，使农业产业链涵盖生产、加工、销售等环节，遵循市场规律，追求科学化布局、专业化和机械化生产、精细化运营，最终实现农业发展效率和效益双丰收。根据陕西省农业发展现状，农村地区可以大力发展农副产品加工，提升农业产业的效益。陕西省的农副产品种类繁多，在各类工业中可以广泛应用，大力发展农副产品加工既可以解决农副产品滞销问题，又可进一步延长农业产业链，增加农民收入，促进农村经济发展。同时，农村地区可以结合自身的自然环境优势发展特色产业，如陕南地区俗称"小江南"，可以利用其农业特色形成农业生产、加工和农业旅游观光"一条龙"，从而带动当地经济发展并惠及周边地区，有效推动城乡发展一体化。

（三）健全农村社保体系，促进城乡福利与保障体系一体化

统筹城乡社会发展，应该以全面、协调和可持续的科学发展观为指导，像重视经济发展那样重视社会发展，像重视城市的社会发展那样重视农村的社会发展；应该把农村社会保障体系建设作为农村社会发展的重点，加大工作和投入力度，逐步健全保障体系，提高保障标准，扩大保障范围，切实解除农民的后顾之忧，促进农村走上物质文明、政治文明、精神文明协调发展的轨道。陕西省在推进城乡发展一体化进程中，必须实现经济社会的同步协调发展，全面提高乡村教育、卫生、文化和社会保障事业水平，使农村在居住、就业、教育、社会保障、医疗和文化生活等方面与城市享受同等水平。

第一，把加快农村经济非农化和促进农民非农就业通盘考虑，将加快第二、第三产业发展与促进农民的非农就业紧密结合，建立城乡统一的劳动力市场，实现市、区县和乡镇就业服务机构信息联网，将从农村中分离出来的劳动力并入陕西失业队伍名单，统筹解决就业问题，鼓励农村富余劳动力进城就业，鼓励城市的富余劳动力或失业待业人员到农村就业和创业，从而使城市、郊区间建立互动机制。

第二，从根本上关心农民切身利益，建立和完善农村基本社会保障制度。根据陕西省各个地区经济发展的不同情况，建立农村低收入家庭保障制度，积极完善农村合作医疗制度，实行大病保险政策，巩固农民合作医疗投保率，提高农民医疗保障的能力。从而不断完善农村养老保险制度，进一步提高农民养老保障的水平。

第三，进一步加大农村基础设施和公共设施的建设投入，推

进和完善农村的各项社会事业，为农村的城市化进程提供强有力支持。农村地区应该充分利用高校布局调整契机，通过各种渠道，增加对教育、卫生、文化的投入，并将其纳入城乡一体化战略的总体规划。

第四，要更多地利用市场效应，筹集发展公共事业所需的资金，使农村的教育、卫生、文化建设和发展步入协调、健康发展的轨道，从整体上提高社会的文明程度和人民的生活水准，使广大农民享受与城市居民同等社会福利，接受高水准的教育和高水平的医疗。

（四）加强城乡人口疏导，促进城乡人口管理一体化

经历改革开放后的快速发展，陕西作为我国中部地区大省、工业重镇，人口地域分布和流动呈现中心城市人口郊区化扩散、外来人口聚集的趋势，有利于各个地区产业结构的优化，有利于推动郊县人口城市化，加快实现农村劳动力向非农化转移，有助于实现城乡一体化中人口向城镇集中、耕地向规模经营集中、工业向园区集中的"三集中"战略目标。因此，我们需要优化人口布局，使城市人口分布与经济、社会发展和资源、环境容量相适应，使人口与经济、社会等诸要素保持协同。

第一，可以通过地方立法形式加强对农民的教育培训，提高农民的技能水平。充分利用现有的农村教育制度，借助网络教育体系加强对农民的教育培训，必要时可以通过地方立法形式，加大对农村职业教育经费的投入，扶持农村职业教育的发展，从而帮助农民适应现代农业发展的需要，增强其就业竞争力，为解决"三农"问题创造有利条件。

第二，因势利导、多管齐下，加强对外来劳动力的管理。因

地制宜，为外来人口提供适当的居住条件；建立统一的外来劳动力市场，有序地使用外地劳动力，引导其合理流动；全面整治，强化治安，建立担保金制度；等等。由此提升城乡人口管理一体化水平，助力陕西城乡发展一体化质量的提升。

（五）关注经济发展质量，促进城乡生态建设一体化

在推进城乡发展一体化的过程中，不但注重"经济—社会—人口—空间—生态"系统内部诸要素之间的演化和协调过程，更要自始至终注重城乡发展一体化目标与环境保护之间的协同，发展经济决不能以牺牲生态为代价。未来，陕西省应以科学发展观为指导，推进城乡生态建设一体化，实现生态、经济、社会协同发展。

第一，统筹城乡环境，促进城乡产业布局合理化。随着农业区经济的不断发展，城镇趋于壮大，城镇的合理布局显得尤为重要。合理的城镇及产业布局应以区域经济学理论为依托，充分考虑地形、气象、水文、环境最大容纳量等自然环境因素对城镇及产业发展的影响，以及城镇建设对自然环境的影响，这样有利于充分发挥自然界的自净能力，促进资源的综合利用以及"三废"的集中回收和处理。

第二，通过建立生态补偿机制开展环境治理工作。环境是一个由多元因素组成的综合体。因此，在治理环境污染时必须统筹全局，采取区域综合性治理措施，把预防与治理、环境规划与生产力布局、污染控制与经济发展结合起来。政府可以通过出台扶持政策（投资政策、就业政策等）来整治环境污染，同时适当提高对环境保护的投资，不断拓宽资金的来源渠道以优化治理效果。城乡建设中采用生态补偿机制能够将破坏作用的惩罚制度和保护作用的激励制度相结合，如城市在经济发展中对农村资源和环境造成的破坏，要加大城市对农村的补偿力度，尤其是城乡发展一体化进程中，城市地区必须作为一个整体对农村地区进行赔偿，政府可以建立切合实际状况的生态环境补偿机制，通过立法手段征收环境资源税费、建立相关的环境资金、实行资金转移支付，实现城市对农村的生态资源补偿。引入补偿机制有利于切实有效地增加对环境保护的投入，走可持续发展之路，这是推进城乡发展一体化进程的重要对策之一。

第三，政府需完善相关法律法规，加大环境监管力度。我国现行的环境保护法律法规中，针对各个城镇实际需要的具体制度较少。因此，政府应针对各个城镇的特点加强环境保护条例的制定工作，并加强执法的严肃性。同时，各级政府应加大环境监督力度，尤其是对污染企业的废水排放等加大监督力度，确保城乡污染源头齐抓，以实际行动和更广泛、更深入的宣传提升群众的环保意识，探索更为完善的环境保护体系，实现城乡环境统一治理，切实改善生态环境，走可持续发展之路。

（六）聚焦重点难点问题，促进城乡治理体系一体化

"城市病"和"空心村"现象是在城市化推进过程中，人口的迁移对城市和乡村原有的社会结构和经济秩序产生冲击而导致的，对城乡发展一体化进程有着一定的阻碍作用。因此，以完善的城乡治理体系来改善陕西省的"城市病"和"空心村"现象，是解决城乡发展一体化进程中重点、难点问题的关键。

针对"城市病"问题治理。一是提高城市规划科学性。科学的规划是推进城市化全面健康可持续发展的基础。在新型城镇化发展的过程中，要坚持规划先行，创新规划思路，完善城乡规划

体系，强化规划对城市化发展的综合引导作用，促进城镇形态优化布局、资源要素优化配置，产业发展有力支撑、基础设施集约建设，形成城乡规划先导机制，引导城市化科学发展。在推进新型城镇化过程中，改变各地区、各行业规划"各自为战"的局面，推进规划体制改革，增强规划的全局性、系统性。城市规划要坚持以人为本，要以促进社会公平、提高民生水平为主要目标，完善城乡基础设施和基本公共服务体系，满足人们对环境优美、绿色健康、舒适便利的社会生活空间的需求。在新型城镇化发展中，要坚持建设紧凑型城市，充分利用城市存量空间，减少盲目大拆大建和无序扩张，坚持集约节约利用土地和其他资源，科学规划布局基础设施和城镇功能分区，使城镇建设相对集中，生活和就业单元混合布局，职住大体平衡，尽量缩短通勤距离和时间。在城镇规划建设中，要坚持公交导向，优先发展公共交通，同时给居民提供多样化的出行选择，建设适宜步行和骑行的绿色廊道，引导人们绿色健康出行。在住房建设规划中，要给居民更多选择，在不同社区，房型、面积、价格、功能等方面满足不同居民的差异化需要。另外，要着力提高城市运行效率，降低公共服务成本，为居民提供健康、舒适、便利、优美、宜居的生活环境，让城镇建设真正体现以人为本的科学理念。

二是增强城市治理水平。首先，树立人文关怀理念。城市化的核心是人的城市化，城市化发展的目的是服务于社会和人。城市治理的最终目的是实现人与城市和谐相处、人与自然和谐相处。城市规划建设和管理要充分体现以人为中心的原则，树立尊重人、关怀人、服务于人的理念。城市治理要充分尊重广大市民的各项权利，推行人性化管理，要把人文关怀充分体现在重大市政基础设施的规划、建设、管理、运营等方面。其次，树立生态文明理念。城市治理要着力推进绿色发展、循环发展、低碳发展，要高度重视生态安全，提高森林、湖泊、湿地等绿色生态空间占比，增强和扩大水源涵养能力和环境容量，不断改善环境质量，减少主要污染物排放总量，控制开发强度，增强抵御和减缓自然灾害能力，提高历史文物保护水平。在城市化过程中，应尽可能减少对自然的干扰和破坏，节约利用土地、水、能源等资源。同时，应发展承载历史记忆和具有地域特色的美丽城市、文明城市。最后，树立文化理念。文化是民族的血脉，是人民的精神家园，是城市的灵魂。新型城镇化建设必须强化文化传承创新，既要突出历史底蕴，又能体现时代风采，充分发挥文化引领风尚、教育人民、服务社会、推动社会发展的作用，营造浓厚的城市文化氛围，彰显城市文化特色。

三是优化资源配置，调节产业结构。以陕西省的自然条件和产业优势为依托，大力发展创新型绿色产业，减少高耗能高污染的粗放型生产。鼓励技术创新和商业模式创新，从下游开始给予产业政策性的引导，在保持陕西省经济发展合理速度的同时，积极运用财税政策优化社会经济结构。在高排放高污染的行业领域，应积极学习国内外发达省市的技术和经验，对不良产业进行合理改造，将广大群众的长远利益作为结构调整的出发点和落脚点。从而缓解资源短缺危机和高污染产业生产过剩的问题。

针对"空心村"问题治理，首先，科学规划，完善基础功能。科学规划是治理农村"空心化"的关键。要结合城乡一体化和农村城镇化发展的历史趋势，精心设点，合理布局。按照集约用地、少占耕地的原则，在新村户型设计、基础设施建设及公共服务配套等方面确保长远发展与满足农民的实际需要。建议将治理农村"空心化"与农村环境整治、幸福美丽乡村建设、宅基地复垦、城乡一体化建设及农民市民化等有机结合起来，引导农民向大中城市、中心集镇与中心村集聚，同时完善农村的水电、道路、通信、网络、有线电视、生活污水排放等基础设施建设，既能够解决农民在生产生活上的后顾之忧，又可以优化农村的生态环境，缩小城乡之间的差距。

其次，培养新型农民，培育乡村产业。农村空心化的源头在于劳动力的大量流失，因此，引进和培养各种专门人才，吸引农民工返乡就业创业，培育有能力、有意愿发展农村经济的农民是解决农村空心化的重要方式。通过大力发展现代农业，拓展农业新功能和发展乡村旅游业，促进生态农业和观光农业发展，拓展农村就业空间，把高素质劳动力留在农村。

再次，加大投入，加快治理进程。雄厚的财力是治理"空心村"问题的根本保障，将农村"空心化"治理与农村环境整治、新型乡村建设有机结合起来，整合各部门项目资金，向治理农村"空心化"倾斜。同时，加快农村产权制度改革，通过农村宅基地的整理与置换，发挥和挖掘农村宅基地的一部分物权功能和价值潜能，使新农村建设产生内生动力，缓解农村基础设施建设和公共事业发展资金不足的问题。采取激励措施，鼓励各类金融机构针对农村"空心化"问题治理为相关部门提供低息贷款，从而扩大资金筹集渠道。引入市场机制，充分利用民间资本，由工商资本与村民共同出资改造"空心村"。

最后，强化管理，构建长效机制。进一步加强农房规划建设管理，坚决制止农村无序建房，逐步引导农民居住向新村聚居点集中，推进和提升新村建设进程和建设水平。同时，从优化土地利用规划入手，依据不同类型的"空心村"，综合考虑经济、社会与生态效益，优化和促进村庄空间布局和产业发展，采用合并、迁移或转型治理的模式，着力推进生态移民搬迁工程，把农村宅基地整理与小城镇建设、中心村拓展与自然村合并结合起来，使村庄建设既不浪费土地，又能满足广大农民的生产生活需要，促进村庄内涵式发展，引导陕西省农村居民向中心村、中心镇适度聚集。

四 健全陕西省区域高质量协调发展路径

（一）陕西省区域高质量协调发展的总体思路

陕西省的陕南、陕北、关中三大地区在地理环境、资源禀赋、经济基础、发展条件等方面有所不同，导致发展不协调问题也较为突出，这无疑制约着陕西省的高质量发展。

第一，针对当前陕西省区域经济协调发展中存在的主要问题，建议依据陕南、陕北、关中三大地区的资源禀赋和发展基础，明确发展定位，加强规划统筹和政策引导，优化产业布局，强化要素保障，加快形成区域协调发展新局面。另外，陕西省要紧抓黄河流域生态保护和高质量发展、共建"一带一路"倡议、新时代西部大开发、关中平原城市群和西安都市圈建设等国家战略机遇，积极融入新发展格局，纵深推进区域经济协调发展。

第二，缩小陕南、陕北、关中三大地区间的经济差异，有效推进区域协调发展。继续发挥各区域资源优势，强化区域协同联动，加强陕南、陕北与关中地区的经济合作，通过中心城市的扩散带动效应，促进区域经济的一体化发展。同时，要打破行政区划的限制，建立区域内统一的大市场，促进生产要素在不同区域间的自由流动，引导关中地区的部分产业向陕南、陕北地区有序转移，切实增强陕西省三大地区在经济、技术和人才等方面的有效合作，促成区域经济的协调发展。

第三，针对陕南、陕北、关中三大地区内部发展不协调状况，各地区应继续发挥优势、规避劣势，促进自身发展。陕南地区要立足自身资源禀赋优势、经济条件和产业基础，综合权衡促进地区经济发展与保护生态环境两方面，在实现经济发展的同时保护好生态环境，努力保护优质山水资源、科学利用山水旅游资源。针对陕北产业结构单一、环境问题突出的现状，应改变之前单一依靠资源开采，大量输出初级产品的发展模式，积极发展与资源产品加工关联度较高的制造业，加大科研开发力度，提高产品深加工能力，延长产业链，提高产品整体附加值。就关中地区而言，要充分发挥其科学技术发达、基础设施良好的综合优势，使之发展成为经济、金融、商贸、信息、科教、文化中心，提高对周边地区经济发展的扩散效应和辐射带动能力，尽量规避其对周边资源要素的虹吸效应，从而带动周边地区的经济发展。

（二）陕西区域高质量协调发展的对策建议

第一，构建由陕西省委、省政府牵头主导，各地区协同参与的陕西区域协调发展推进机制。未来，应突破行政区划限制，由陕西省委、省政府主导推动，各地区协同参与来构建规划协同、产业合作、设施共建、服务共享、政策联动的区域协调推进机制和政策体系，从而真正实现陕西省内三大地区间的资源整合、要素流动、产业转移和协同发展。

第二，尊重实际、因地制宜，走合理分工、优化发展的路子。推动陕西省区域经济协调发展，不是简单要求各地区在经济发展上达到同一水平，而是要着眼于陕南、陕北、关中等地区的基础条件和比较优势，走合理分工、优化发展的路子。一是以布局优化为重点，提升关中协同创新发展水平。充分发挥关中地区的协同创新发展优势，打造关中创新发展示范平台，推进区域协同创新发展。以秦创原创新驱动平台为抓手，打通陕西省科技创新工作的"最后一公里"，推进"两链"融合，破解科技资源优势明显但经济发展缓慢的难题。优化城乡的资源配置和产业布局，开展合作共建。引导西安的非中心城市功能向关中其他城市有序转移，形成优势互补高质量发展的区域经济布局。二是以能源革命为引领，持续推动陕北地区的能源转型。充分利用陕北地区的能源资源禀赋优势，高水平建设榆林能源革命创新示范区和延安综合能源基地，打造国际国内一流高端能源化工基地。加快转变能源发展方式，推动能源化工产业向精深加工、高端化延伸，建立以能源为主导、多元化的现代化产业体系。大力推行绿色社会行动，鼓励居民进行绿色生产与绿色消费，积极推进生活垃圾分类和污染全链条治理，推动低碳城市建设与发展。三是以经济生态化、生态经济化为导向，高质量推进陕南地区的绿色循环发展。充分发挥陕南地区的生态资源禀赋优势，打造生态特色鲜明、优势集聚、市场竞争力强的特色农产品优势区，加快形成特色农业产业集群。依托山水人文、生态旅游资源优势，构建多元融合的文化旅游产业体系，创建全域旅游示范区。依托优美的自然生态景观和独特的山水文化元素，构建多元融合的绿色康养服务体系，建设一批高品质康养基地，打造全国知名的绿色康养旅游示范区。

第三，推动陕西省区域经济的有效协调发展，牢固树立与秉承陕西经济发展"一盘棋"的思想，容许地区间有差异，并在差异中实现协同发展。通过不断完善区域协调发展体制机制，推进区域协作与产业协同分工，统筹好项目安排和要素集聚，增强区域发展的联动性、整体性和协调性，最终通过关中协同创新、陕北转型升级、陕南绿色循环来推动形成优势互补高质量发展的区域经济布局。

第四节　小结

本章分别从环境规制这一研究起始视角和区域协调发展这一研究最终目的出发，提出了加强环境规制和推动区域发展的政策建议。一方面，主要通过推进环境规制的有效实施、优化环境规制的传导机制以及优化环境规制的合作机制等来加强环境规制。另一方面，主要通过充分利用宏观调控机制、明确转变地方政府部门的职责以及促进环境规制与区域经济的协同发展等来推动区域协调发展。并且，本章以陕西省为例，提出了西部地区加强环境规制与推动区域协调发展的政策建议。

|第八章|

结论及进一步研究的问题

第一节　主要结论

本书对环境规制、产业转移与区域协调发展进行了研究。首先，对环境规制、产业转移与区域协调发展的相关理论与研究文献进行了收集和整理，从这些资料中总结出了在理论方面存在的主要问题，这也是本书重点分析的问题，即环境规制能否有效促进产业转移、产业转移能否推动区域的协调发展、环境规制约束下的产业转移能否同样推动区域协调发展。其次，在对环境规制、产业转移及区域协调发展的内涵进行界定的基础上，对环境规制影响产业转移、产业转移影响区域协调发展、环境规制约束下产业转移影响区域协调发展的机制进行了分析，提出了本书的三个命题。再次，基于环境规制、产业转移和区域协调发展的演进历程，对环境规制、产业转移和区域协调发展的现状进行了分析。从次，将理论方面的相关经验与现实相连接，进行了实证研究，验证了本书提出的三个命题。最后，分别从环境规制这一研究起始视角和区域协调发展这一研究最终目的出发，提出了加强环境规制与推动区域协调发展的政策建议。综上，本书得出以下几个结论。

第一，在相关研究方面，本书总结归纳了相关理论与研究文献，并确立了三个主要研究问题。本书的三个关键词为环境规制、产业转移和区域协调发展，在此基础上，围绕三个论点进行了相关文献的收集和整理。同时，结合三个论点之间的相关性和不同学术观点之间的差异性及原因，针对现有研究的不足之处，本书基于环境规制，将产业转移的效用机制与区域协调发展的目标约束相结合，对区域协调发展问题进行了研究，进而提出了本书三个需要着力解决的重点问题，即利用环境规制促进产业转移是否有效、利用产业转移推动区域协调发展是否可行、通过环境规制促进产业转移进而推动区域协调发展能否生效。另外，构建了理论框架，进行了理论模型和实证模型的双重检验，得出了可靠的研究结论，尝试对现有研究做出可能的完善。

第二，在内涵界定方面，本书对环境规制、产业转移、区域协调发展做出了内涵界定。结合现阶段的发展情况，本书对所研究的三个主要概念进行了界定，一是环境规制。环境规制是指通过行政命令和市场激励，限制或调整微观经济主体的经济活动以及个人和社会团体在环境保护方面的权利和义务，以减少环境污染的负外部性，从而实现环境保护和经济发展的目标。二是产业转移。产业转移是指在区域比较优势的驱动下，产业生产规模发生变化的过程，具有时间和空间的综合效应。产业转移的直接驱动力是区域间生产成本和交易成本的比较优势，包括市场层面的区域要素价格差异以及区域制度差异。从研究范围来看，产业迁移分为显性产业转移和隐性产业转移，显性产业转移以企业迁移为代表，隐性产业转移以生产规模变化为特征。从效应上来看，产业转移在空间方面体现为对不同地区所产生的不同效果，在时间方面体现为不同地区在不同时间上产生的不同效果。三是区域协调发展。区域协调发展在区域间主要表现为空间层次上的横向协调发展，在区域内主要表现为时间层次上的纵向协调发展。一方面，从横向协调发展的角度来看，其主要方向就是实现对区域差异的控制，将区域差异控制在可接受的范围内，并尽力减小差异，这样才能维持区域的整体发展，将区域要素的主要优势进行充分利用，促进区域整体发展。另一方面，从纵向协调发展的角度来看，其主要方向是保持区域的稳定发展，这就需要区域内各个部分的配合，区域产业应该具备完善的生产体系，对产业的分配要进行合理的安排，既要避免为了完成短期经济总量增长而限制生产要素的自由流动的行为，又要避免落入基于区域比较优势静态标准的比较优势陷阱。

第三，在理论框架方面，本书构建了系统的机制，主要以环境规制为动力，以产业转移为路径，以区域协调发展为目标。首先，分析了环境规制影响产业转移的机制。环境规制可以通过准入门槛、要素调整成本以及投资方向和结构三个角度来规范企业的行为，例如可以采取增加企业生产成本、提升科技水平的方式。另外，如果增加企业生产成本的方式所产生的作用比提高企业技术能力的作用大，那么企业在这种情况下就需要进行区域外的转移；如果增加企业生产成本的方式所产生的作用比提高企业技术能力的作用小，那么产业在这种情况下需要进行区域内转移。在此基础上，本书提出了第一个命题：环境规制通过"成本增加效应"和"创新补偿效应"，可以有效推进产业的区域间转移。其次，分析了产业转移影响区域协调发展的机制。在进行产业转移的过程中，产业转入区域产生的短期变化包括快速的经济增长、创新技术的提升、相关制度的完善以及聚集效应的产生。产业转移对产业转入地区产生的长期效应包括竞争引致、制度优化、低端价值锁定和资源阻碍。产业转移对转出地区产生的短期效应包括发展速度下降、产业空白化和失业。产业转移对转出地区产生的长期效应包括资源使用效率的提高、技术创新、产业结构的优化以及竞争力的提高。产业在受到这些因素的影响下，能够实现短期减少区域差距的目的，从长期的角度来说，能够保证地区经济良性发展，而且能够建立与其他地区的联系，实现交流和共同进步的目的，这也是区域协调发展的重要渠道。由此，提出了本书的第二个命题：产业转移通过对产业转出地区和转入地区产生的短期效应和长期效应来实现区域协调发展。最后，分析了环境规制约束下产业转移影响区域协调发展的机制。环境规制强度的差异会对产业转移对区域协调发展的影响产生不同的调节作用，适度的环境规制可以有效提升产业转移对产业转出地区和转入地区的正面效应，降低负面效应，推动区域协调发展。由此，提出了本书的第三个命题：适度的环境规制会加强产业转移对区域协调发展的调节作用。

第四，在现状分析方面，本书在进行整体变化分析的基础上，为环境规制、产业转移和区域协调发展，分别构建了基于动态性及综合性评价思路的指标测度体系。一是关于环境规制的整体变化和指标测度结果分析。从整体变化来看，2002～2023 年，我国环境污染治理投资总额整体呈增加趋势,其中,占比最大的为城市环境基础设施建设投资,二者的增长趋势基本一致,我国建设项目"三同时"环保投资总额呈现显著的连续倒"U"形特征,我国老工业污染源治理投资相对稳定。另外,环境规制指标测算结果显示,2003~2017年,我国环境规制水平整体呈上升态势。由此可以看出我国在现阶段不断加强环境规制,保护良好的生态环境,治理力度加大,同时不断完善法律法规,监督其落实情况。二是关于产业转移指标的整体变化和指标测度结果分析。2002~2023年,从我国三大地区生产总值占比的变动趋势来看,东部地区生产总值占比较高。从东部、中部、西部地区三次产业结构的变动来看,2002~2023年,三大地区的第二产业占比都是最高的,除个别年份外,三大地区第一产业占比呈下降趋势,而第三产业占比呈上升趋势。同时,2002~2023年,我国经济规模不断扩大,以FDI衡量的国际产业转移规模也在总体上呈扩大趋势。其中,我国中西部地区特别是西部地区的FDI数值大幅度提升,东部地区凭借自身优势及优越的地理位置,一直是国际产业转移的主体。另外,产业转移指标的测度结果显示,2003~2017年,我国中西部地区逐步提升承接产业转移水平。自2008年起,我国省际产业更加活跃,积极与外部合作转移。中西部地区的省份努力改善营商环境,重视配套设施建设,加大投入力度,以形成良好态势顺利推进合作。三是关于区域协调发展的测度结果分析。虽然区域协调发展指标的测度结果已经呈现向好发展的趋势,但是因为我国区域发展情况不同,所以经济增长水平差异较大,距发展目标之间还有较大空间。2003~2017年,各省份经济发展状况各不相同,形式较为发散,没有趋同点。根据我国经济现有发展情况和政策背景，本书分别考察了 2003~2013 年和 2013~2017 年两个时期。其中，2003~2013 年各省份经济发展较为分散，速度较快。2013~2017 年，各省份经济虽然发展分散，但是速度逐渐降低。就目前而言，应该将目光集中于区域协调问题和经济趋同问题，这两者仍是当下全面深化改革过程中的重中之重。

第五，在理论模型方面，本书证明了机制分析部分提出的三个命题。一是构建了环境规制影响产业转移的理论模型。模型分析结果说明，投入要素的价格差异将决定是否发生产业转移，在利润的驱动下，企业会在选择生产决策时对比投入价格。产业转移受环境规制影响较大，会在微观层面影响企业发展。近年来，政府重视环境问题，加大监管力度，以行政干预的手段管控价格，收取污染税，刺激企业提高生产技术，减少污染排放，鼓励企业加大投资力度。当生产成本较大、升级技术过快而企业无法承担时，企业就会自主选择转移产业，以减少环境规制带来的经营压力。二是构建了产业转移影响区域协调发展的理论模型。一方面，从产业转移的形成机制出发，构建了完全市场状态下的基准博弈模型，分析了地方政府部门在不同条件下的博弈行为选择和收益，为后续的约束与环境规制约束下的博弈扩展模型奠定了基础。研究发现，一是当地方政府部门间选择合作时，其不仅能够获得最多效益，还能减少对企业的补贴，让企业自主发展，地区经济提高，总效益不断增加；二是当地方政府部门间出现矛盾，存在内部竞争时，会耗费大量资金，政府所得效益逐渐降低；三是竞争只会出现在优势差距较小的区域内，福利补助受地方预期收入差距影响，二者之间差距越小，福利补助越大；四是当地方政府部门之间出现类似"囚徒困境"问题时，即没有外部干预的情况下，各地区会积极参与竞争，地方政府部门会损失严重。另一方面，从中央政府部门在产业转移中所具有的推动区域经济协调发展目标入手，通过改变相关假设前提，构建了基于协调发展约束的博弈扩展模型，发现中央政府部门可以通过扶持手段调控市场，统筹安排产业的布局，缩小地区之间的发展差距，实现资源有效配置与区域经济协调发展相结合的目标，既可以促进落后地区经济发展中的市场配置资源原则的落实，也可以优化发展环境，提升经济欠发达地区的内生增长势头，推动区域协调发展。三是构建了环境规制约束下产业转移影响区域协调发展的理论模型。在前文理论模型的基础上，从中央政府部门在产业转移中所具有的促进生态环境可持续发展目标入手，假设基本条件不变，调整基准博弈模型中的成本问题，构建了基于环境规制约束的博弈扩展模型。结果发现，在忽视资源环境约束的地方内部驱动基础上，加大环境规制力度既可以减少损失、提高区域整体博弈效率和收益，也对促进产业转移、实现区域协调发展具有重要作用。

第六，在实证检验方面，本书再次证明了理论框架部分得出的三个命题。一是实证检验了环境规制对产业转移的影响机制。实证检验结果表明，2003～2017 年，环境规制对产业转移具有显著的促进作用。随着环境规制的不断完善，企业增加生产成本，无法将资金投入转型升级，会失去核心竞争力，从而难以在市场中立足。同时，因为环境规制力度的加大，企业逐渐从环境规制较强的地方向规制较弱的地方转移，保证企业具有一定优势。在模型控制变量中，研发投入的增加不利于产业的区际转移，产业高级化水平可能促进了产业的区际转移，经济发展水平和外商直接投资都显著促进了产业的区际转移。此外，从分区域回归结果来看，在东部、中部和西部地区，环境规制对产业的区际转移都有明显的促进作用。二是实证检验了产业转移对区域协调发展的影响机制。省域整体和分区域的实证结果表明，2003～2017年，我国经济趋同和协调发展离不开产业转移的作用，且产业转移与东部、中部、西部地区的区域经济收敛提升均呈正相关关系，再次验证了我国东部、中部、西部地区的经济趋同和协调发展均离不开产业转移的作用。但是，各个地区的经济状况不同，所以产业转移的影响具有一定差异性。在中西部地区，二者呈正相关关系，但是在东部地区作用效果不明显。这一结果为今后的区域经济增长和产业转移问题提供了理论依据。此外，在控制变量中，区域发展条件的改善对区域经济增长具有显著的促进作用。三是实证检验了环境规制约束下产业转移对区域协调发展的影响机制。计量模型回归结果显示，在全国范围内，环境规制约束下产业转移对推动区域经济增长水平趋同具有积极影响；在控制变量中，区域发展条件和区域发展环境的改善对区域经济增速提升具有推动作用。另外，分区域回归结果显示，在东部、中部和西部地区，环境规制均可以通过产业转移，缩小地区发展差距、促进区域经济收敛，进而推动区域协调发展，如果区域内部环境较好，条件充足，则区域经济发展较快。

第七，在政策优化方面，本书从环境规制这一研究起始视角和区域协调发展这一最终目的出发，提出了加强环境规制与推动区域发展的政策建议。一方面，主要通过推进环境规制政策的有效实施、优化环境规制的传导机制、优化环境规制的合作机制和有效利用环境规制推进产业转移等来加强环境规制。另一方面，主要通过充分利用宏观调控机制、明确转变地方政府部门的职责、促进环境规制与区域经济的协同发展和推进符合中国式现代化建设的区域协调发展战略等来推动区域协调发展。

第二节　未来研究方向

环境规制、产业转移和区域协调发展三者相互影响，关系复杂。单纯依靠相关指标的构建和相关性分析可能存在一些不足。此外，由于研究时间和作者的研究水平有限，本书还存在许多有待改进的地方。因此，未来的研究可以从以下几个方面改进。

第一，指标度量问题。本书对环境规制的测度是将工业"三废"排放量的去除率采用熵权法赋权，统一对环境规制水平进行量化，但缺少了当下比较重要的二氧化碳排放量等指标。同时，可以将环境规制划分为多种类型，从不同类型的环境规制出发，明确不同主体对产业转移的影响情况，例如将非正式环境规制指标进行量化纳入指标体系等。此外，基于笔者的实证能力和模型构建能力，本书对区域协调发展指标的测度方法采取了 β 收敛模型，在后续研究中，可以采取基尼系数、变异系数、Theil 指数等方法来衡量区域协调发展水平，以进一步检验本书的结论。

第二，研究深度问题。本书对许多问题的研究与探讨有待进一步深入，例如效应与机制之间的差别与关系；产业转移、环境规制与区域协调发展在内涵界定上的相关关系；产业转移对产业转入地区与转出地区的协调作用具体体现在经济上还是生态上；关于三者的现状分析缺乏现实案例情境下的定性分析；在指标测度方面没有有效对比三者之间的相关关系；在政策建议部分缺乏关于产业转移的相关建议；实证研究部分工作量偏小、缺乏对实证结果的进一步检验；对论文题目的研究针对性有待提升；等等。在未来的研究中，需要对这些问题进行深入探讨和持续完善。

第三，实证检验问题。本书实证研究部分工作量偏小、研究方法单一、缺乏对实证结果的进一步检验，也缺少基于东部、中部、西部的全样本分析和异质性分析。在今后的研究中，需要根据实际情况时刻调整数据，适当延长时间跨度，确保本书研究结果合理有效。同时，在具体分析案例的过程中，不仅可以将目光集中于模型的基准分析和稳健性检验，还可以从更多的角度入手，例如将产业转移按强弱划分、区域协调发展按水平划分，再进行异质性分析，或按照虚拟变量进行东部、中部、西部三个地区的内部比较等，以便更全面、更详细地解释本书的影响机制。

参考文献

Aghion P. , Dechezleprêtre A. , Hemous D. , et al. , Carbon Taxes,
Path Dependency, and Directed Technical Change: Evidence
from the Auto Industry [J]. Journal of Political Economy, 2016,
124 (1): 1-51.

Leiter A. M. , Parilinij A. , Winner H. , Environmental Regulation and
Investment: Evidence from European Industry Data [J]. Ecologi-
cal Economics, 2011, 70 (4): 759-770.

Arbia G. , Paelinck J. H. P. , Economic Convergence or Divergence?
Modeling the Interregional Dynamics of EU Regions, 1985-1999
[J]. Journal of Geographical Systems, 2003, 5 (3): 291-314.

Barro R. J. , Convergence [J]. Journal of Political Economy, 1992,
100 (2): 223-251.

Buckley P. J. , Casson M. , Future of the Multinational Enterprise
[M]. Springer, 1976.

Calel R. , Dechezleprêtre A. , Environmental Policy and Directed
Technological Change: Evidence from the European Carbon Mar-

ket [J]. Review of Economics and Statistics, 2016, 98 (1):
173-191.

Chambers D. , Dhongde S. , Are Countries Becoming Equally Une-
qual? [J]. Empirical Economics, 2017, 53: 1-26.

Chambers D. , Dhongde S. , Convergence in Income Distributions:
Evidence from a Panel of Countries [J]. Economic Modelling,
2016, 59: 262-270.

Chen J. X. , Zhang Y. , Zheng S. , Ecoefficiency, Environmental
Regulation opportunity Costs, and Interregional Industrial Trans-
fers: Evidence from the Yangtze RiverEconomic Belt in China,
Journal of Cleaner Production [J]. 2019, 233: 611-625.

Cheong T. S. , Wu Y. , Regional Disparity, Transitional Dynamics
and Convergence in China [J]. Economics Discussion, 2013,
29: 1-14.

Chung S. , Environmental Regulation and Foreign Direct Investment:
Evidence from South Korea [J]. Journal of Development Econom-
ics, 2014, 108: 222-236.

ColinK. , Kenichi S. , The Effect of Enveionmental Regulation on
the Locational Choice of Japanese Foregin Directinvestment [J].
Applied Economics, 2008, 40 (11): 1399-1409.

Hibiki A. , Arimura T. H. , Managi S. , Environmental Regulation,
R&D and Technological Change [R]. Mimeo, 2010.

Ho T. W. , Income Inequality May not Converge After All: Testing
Panel Unit Roots in the Presence of Cross-section Cointegration
[J]. Quarterly Review of Economics & Finance, 2015, 56: 68-

79.

Huang Y. , Zhang Y. , Lin L. , et al. , Foreign Direct Investment and Cleaner Production Choice: Evidence from Chinese Coal-Fired Power Generating Enterprises [J]. Journal of Cleaner Production, 2019, 212: 766-778.

Jaffe A. B. , Palmer K. , Environmental Regulation and Innovation: A Panel Data Study [J], Review of Economics and Statistics, 1997, 79: 610-619.

John A. L. , Catherine Y. C. , The Effect of Environmental Regulations on Foreign Direct Investment [J]. Journal of Environment Economics and Management, 2000 (40): 1-20.

Kirkpatrick C. , Shimamoto K. , The Effect Of Enveionmental Regulation on the Locational Choice of Japanese Foregin Direct Investment [J]. Applied Economics, 2008, 40 (11): 1399-1409.

Kivyiro P. , Arminen H. , Carbon Dioxide Emissions, Energy Consumption, Economic Growth, and Foreign Direct Investment: Causality Analysis for sub-Saharan Africa [J]. Energy, 2014, 74 (5): 595-606.

Kneller R. , Manderson E. , Environmental Regulations and Innovation Activity in UK Manufacturing Industries [J]. Resource and Energy Economics, 2012, 34 (2): 211-235.

Lanoie P. , Laurent-Lucchetti J. , Johnstone N. , et al. , Environmental Policy, Innovation and Performance: New Insights on the Porter Hypothesis [J]. Journal of Economics & Management Strategy, 2011, 20 (3): 803-842.

Lau L. S. , Choong C. K. , Eng Y. K. , Investigation of the Environmental Kuznets Curve For Carbon Emissions in Malaysia: Do Foreign Direct Investment and Trade Matter? [J]. Energy Policy, 2014, 68: 490-497.

Liu L. , Research on the Productivity Effect of Inter-Regional Industry Transfer—Taking Guangdong Province as an Example [J]. Modern Economy, 2019, 10 (8): 1872-1896.

Manderson E. , Kneller R. , Environmental Regulations, Outward FDI and Heterogeneous Firms: Are Countries Used as Pollution Havens? [J]. Environmental and Resource Economics, 2012, 51: 317-352.

Maza A. , Hierro M. , Villaverde J. , Income Distribution Dynamics Across European Regions: Re-Examining the Role of Space [J]. Economic Modelling, 2012, 29 (6): 2632-2640.

Attig N. , Boubakri N. , El Ghoul S. , et al. , Firm Internationalization and Corporate Social Responsibility [J]. Journal of Business Ethics, 2016, 134: 171-197.

Naughton H. T. , To Shut Down or to Shift: Multinationals and Environmental Regulation [J]. Ecological Economics, 2014, 102: 113-117.

Oates W. E. , Schwab R. M. , Economic Competition among Jurisdictions: Efficiency Enhancing or Distortion Inducing [J]. Journal of Public Economics, 1988, 35 (3): 333-354.

Pargal S. , Wheeler D. , Informal Regulation of Industrial Pollution in Developing Countries: Evidence from Indonesia [J]. Journal of Political Economy, 1996, 104 (6): 1314-1327.

Pethig R. , Pollution, Welfare and Environmental Policy in the Theory of Comparative Advantage [J]. Journal of Environmental Economics and Management, 1976, 2 (3): 160-169.

Porter M. E. , Linde C. , Toward a New Conception of the Environment-Competitiveness Relationship [J]. The Journal of Economic Perspectives. 1995, 9 (4): 97-118.

Sapkota P. , Bastola U. , Foreign Direct Investment, Income, and Environmental Pollution in Developing Countries: Panel Data Analysis of Latin America [J]. Energy Economics, 2017, 64: 206-212.

Siebert H. , Environmental Quality and the Gains from Trade [J]. Kyklos, 1977, 30 (4): 657-673.

Liu T. , Pan S. , Hou H. , et al. , Analyzing the Environmental and Economic Impact of Industrial Transfer Based on An Improved CGE Model: Taking the Beijing-Tianjin-Hebei Region as an Example [J]. Environmental Impact Assessment Review, 2020, 83: 106 386.

Wagner M. , Empirical Influence of Environmental Management on Innovation: Evidence from Europe [J]. Ecological Economics, 2008, 66 (2-3): 392-402.

Walter I. , Ugelow J. L. , Enviromental Policies in Developing Contries [J]. Ambio, 1979, 102-109.

Wang D. T. , Chen W. Y. , Foreign Direct Investment, Institutional Development, and Environmental Externalities: Evidence from China [J]. Journal of Environmental Management, 2014, 135:

81-90.

Weiss J. F. , Anisimova T. , The Innovation and Performance Effects of Well-designed Environmental Regulation: Evidence from Sweden [J]. Industry and Innovation, 2019, 26 (5): 534-567.

Wheeler D. , Racing to the Bottom? Foreign Investment and Air Pollution in Developing Countries [J]. The Journal of Environment & Development, 2001, 10 (3): 225-245.

Wu A. , Li G. , Sun T. , et al. , Effects of Industrial Relocation on Chinese Regional Economic Growth Disparities: Based on System Dynamics Modeling [J]. Chinese Geographical Science, 2014, 24: 706-716.

Yin J. , Zheng M. , Li X. , Interregional Transfer of Polluting Industries: A Consumption Responsibility Perspective [J]. Journal of Cleaner Production, 2016, 112: 4318-4328.

Cai X. , Lu Yi. , Wu M. , et al. , Does Environmental Regulations Drive Away Inbound Foreign Direct Investment? Evidence from A Qu asi-Natural Experiment in China [J]. Journal Of Development Economics, 2016 (123): 73-85.

Tian Y. , Jiang G. , Zhou D. , et al. , Regional Industrial Transfer in the Jingjinji Urban Agglomeration, China: An Analysis Basedon a New "Transferring Area-Undertaking Area-Dynamic Process" Model [J]. Journal of Cleaner Production, 2019, 235: 751-766.

白雪洁, 曾津. 空气污染、环境规制与工业发展——来自二氧化硫排放的证据 [J]. 软科学, 2019 (3): 1-4+8.

蔡昉. 人口转变、人口红利与刘易斯转折点 [J]. 经济研究，
2010, 45 (4): 4-13.

曹裕, 刘子豪. 无政府激励的绿色供应链管理的可行性分析 [J].
管理工程学报, 2017, 31 (2): 119-127.

车冰清, 朱传耿, 孟召宜, 杜艳, 沈正平. 江苏经济社会协调发展
过程、格局及机制 [J]. 地理研究, 2012, 31 (5): 909-
921.

陈波萍. 环境规制下企业投资决策研究 [D]. 长沙理工大学,
2013.

陈得文, 陶良虎. 中国区域经济增长趋同及其空间效应分解——
基于 SUR-空间计量经济学分析 [J]. 经济评论, 2012 (3):
49-56.

陈刚, 刘珊珊. 产业转移理论研究: 现状与展望 [J]. 当代财经,
2006 (10): 91-96.

陈红儿. 区际产业转移的内涵、机制、效应 [J]. 内蒙古社会科
学 (汉文版), 2002, (1): 16-18.

陈红霞, 李国平. 京津冀区域经济协调发展的时空差异分析 [J].
城市发展研究, 2010, 17 (5): 7-11.

陈佳佳. 环境规制对建筑业产业竞争力的影响研究 [D]. 重庆大
学, 2017.

陈建军. 中国现阶段的产业区域转移及其动力机制 [J]. 中国工
业经济, 2002 (8): 37-44.

陈林, 朱卫平. 广东省产业转移的发展现状与特征 [J]. 国际经
贸探索, 2010, 26 (1): 24-28.

陈秀山, 刘红. 区域协调发展要健全区域互动机制 [J]. 党政干

部学刊，2006（1）：26-28.

陈秀山，杨艳．区域协调发展：回顾与展望［J］．西南民族大学学报（人文社科版），2010，31（1）：70-74.

陈银．山东省产业集聚与区域协调发展的测度及影响关系研究［D］．山东财经大学，2021.

程必定．效率、公平与区域协调发展［J］．财经科学，2007（5）：55-61.

崔恺媛．中国碳交易市场的影响与企业环保需求的形成［D］．山东大学，2017.

崔远淼，谢识予．环境规制对中国对外贸易竞争力的影响研究——基于中国省际面板数据的实证检验［J］．国际商务研究，2014，35（6）：5-14.

代迪尔．产业转移、环境规制与碳排放［D］．湖南大学，2013.

戴宏伟，王云平．产业转移与区域产业结构调整的关系分析［J］．当代财经，2008（2）：93-98.

戴志敏，罗琴．产业转移承接效率对经济增长的门槛效应研究——以江西省为例［J］．武汉金融，2018（1）：79-84.

邓永波．京津冀产业集聚与区域经济协调发展研究［D］．中共中央党校，2017.

董会忠，韩沅刚．开放与绿色理念下如何提升工业生态效率？——基于"污染天堂"假说的验证［J］．商业研究，2020（12）：75-84.

董琨，白彬．中国区域间产业转移的污染天堂效应检验［J］．中国人口·资源与环境，2015，25（S2）：46-50.

董直庆，王辉．环境规制的"本地—邻地"绿色技术进步效应

[J].中国工业经济,2019(1):100-118.

都小妹.环境规制竞争对污染天堂转移的空间溢出效应[D].江西财经大学,2021.

杜鹰.深入学习实践科学发展观 全面推进区域协调发展[J].中国经贸导刊,2008,(24):10-13.

傅京燕,李丽莎.环境规制、要素禀赋与产业国际竞争力的实证研究——基于中国制造业的面板数据[J].管理世界,2010(10):87-98+187.

傅帅雄,张可云,张文彬.环境规制与中国工业区域布局的"污染天堂"效应[J].山西财经大学学报,2011,33(7):8-14.

高志刚.新疆区域经济协调发展模式研究[J].科学管理研究,2003(2):31-35.

韩纪琴,夏梦.环境规制对产业竞争力影响的研究——基于江苏制造业数据的分析[J].价格理论与实践,2018(8):135-138.

郝洁.产业转移承接地效应的理论分析[J].中国流通经济,2013,27(1):60-67.

贺玉德.我国西部地区产业结构演进与经济增长分析——以四川省为例[J].甘肃社会科学,2017(6):206-212.

洪开荣,浣晓旭,孙倩.中部地区资源—环境—经济—社会协调发展的定量评价与比较分析[J].经济地理,2013,33(12):16-23.

侯伟丽,方浪,刘硕."污染避难所"在中国是否存在?——环境管制与污染密集型产业区际转移的实证研究[J].经济评论,2013(4):65-72.

侯燕磊,盛广耀.中国三大城市群协调发展水平评价[J].开发研究，2018（3）：1-8.

侯一明. 环境规制对中国工业集聚的影响研究 [D]. 吉林大学，2016.

胡德宝，贺学强. 环境规制与污染密集型产业区域间转移——基于 EKC 和 PPH 假说的实证研究 [J]. 河北经贸大学学报，2015，36（4）：95-101.

胡俊文. 国际产业转移的基本规律及变化趋势 [J]. 国际贸易问题，2004（5）：56-60.

胡伟，张玉杰. 中国工业发展的空间格局演变 [J]. 经济地理，2015，35（7）：105-112.

华克思. 区域产业转移作用机理与发展路径研究 [D]. 中国科学技术大学，2017.

黄德春，刘志彪. 环境规制与企业自主创新——基于波特假设的企业竞争优势构建 [J]. 中国工业经济，2006（3）：100-106.

霍伟东，李杰锋，陈若愚. 绿色发展与 FDI 环境效应——从"污染天堂"到"污染光环"的数据实证 [J]. 财经科学，2019（4）：106-119.

蒋伏心，王竹君，白俊红. 环境规制对技术创新影响的双重效应——基于江苏制造业动态面板数据的实证研究 [J]. 中国工业经济，2013（7）：44-55.

蒋清海. 论区域经济协调发展 [J]. 开发研究，1993（1）：37-40.

蒋清海. 区域经济协调发展的若干理论问题 [J]. 财经问题研究，1995（6）：49-54.

金春雨，王伟强. FDI 对我国高技术产业技术溢出的非线性效应——基于 13 个细分行业内资企业和外资企业面板数据的实证检验

[J]. 产经评论, 2016, 7 (5): 41-50.

金帅. 基于计算实验的排污权交易研究 [D]. 南京大学, 2011.

靖学青. 区域产业转移与产业结构高度化——基于长江经济带的实证研究 [J]. 江西社会科学, 2017, 37 (10): 78-85.

孔凡斌, 许正松, 胡俊. 经济增长、承接产业转移与环境污染的关系研究——基于江西省 1989 年~2012 年统计数据的实证 [J]. 经济经纬, 2017, 34 (2): 25-30.

孔海涛, 张永恒. 环境规制、企业利润率与产业转移 [J]. 西南民族大学学报 (人文社科版), 2018, 39 (12): 118-127.

冷景菲. 珠三角产业转移和产业升级的协调性与互补性研究 [D]. 广东工业大学, 2011.

李斌, 陈超凡, 万大艳. 低梯度地区承接产业转移影响因素及预测研究——以湖南省为例 [J]. 湖南师范大学社会科学学报, 2011, 40 (2): 93-96.

李斌, 彭星, 陈柱华. 环境规制、FDI 与中国治污技术创新——基于省际动态面板数据的分析 [J]. 财经研究, 2011, 37 (10): 92-102.

李传松. 产业转移视角下的区域协调发展机制与对策研究 [D]. 中共中央党校, 2018.

李春梅. 区际产业转移与区域经济差距 [J]. 经济经纬, 2021, 38 (4): 13-22.

李国平, 杨佩刚, 宋文飞, 韩先锋. 环境规制、FDI 与"污染避难所"效应——中国工业行业异质性视角的经验分析 [J]. 科学学与科学技术管理, 2013, 34 (10): 122-129.

李红侠. 民营企业绿色技术创新与环境税政策 [J]. 税务研究,

2014（3）：12-15.

李钧宇.制度因素对区域经济增长收敛的影响分析——来自中国295个行政区的实证检验［J］.新经济，2020（Z1）：24-28.

李兰冰.中国区域协调发展的逻辑框架与理论解释［J］.经济学动态，2020（1）：69-82.

李力，唐登莉，孔英，刘东君，杨园华.FDI对城市雾霾污染影响的空间计量研究——以珠三角地区为例［J］.管理评论，2016，28（6）：11-24.

李丽莎.FDI、环境规制与污染避难所效应——基于中国省级数据的经验分析［J］.公共管理学报，2010，7（3）：65-74+125-126.

李梦洁，杜威剑.产业转移对承接地与转出地的环境影响研究——基于皖江城市带承接产业转移示范区的分析［J］.产经评论，2014，5（5）：38-47.

李平，慕绣如.波特假说的滞后性和最优环境规制强度分析——基于系统GMM及门槛效果的检验［J］.产业经济研究，2013（4）：21-29.

李取壮.环境规制的产业转移效应分析［D］.山东财经大学，2021.

李志伟，杨式尚，许琦.环境规制对产业转移的影响［J］.合作经济与科技，2021（15）：10-11.

林季红，刘莹.内生的环境规制："污染天堂假说"在中国的再检验［J］.中国人口·资源与环境，2013，23（1）：13-18.

林毅夫，刘明兴.中国的经济增长收敛与收入分配［J］.世界经济，2003（8）：3-14+80.

刘力，林志玲.粤港区域产业转移及产业升级路径——CEPA协议效应与泛珠区域合作影响分析 [J]. 国际贸易问题，2008 (7)：113-118.

刘丽娟. 长江经济带区域经济协调发展评价——基于区域差异的综合分析 [J]. 商业经济研究，2016 (14)：196-198.

刘强，徐生霞. 中国区域协调发展及空间演进 [J]. 统计与决策，2021，37 (1)：102-105.

刘强，徐生霞. 中国区域协调发展及空间演进 [J]. 统计与决策，2021，37 (1)：102-105.

刘瑞明，石磊. 中国城市化迟滞的所有制基础：理论与经验证据 [J]. 经济研究，2015，50 (4)：107-121.

刘岩. 产业转移、环境规制与绿色经济效率 [D]. 西安建筑科技大学，2020.

刘叶，贺培，林发勤. 中国外商直接投资环境效应实证研究的元分析 [J]. 国际贸易问题，2016 (11)：132-142.

刘英基. 中国区际产业转移的动因与协同效应研究 [D]. 南开大学，2012.

刘再兴. 九十年代中国生产力布局与区域的协调发展 [J]. 江汉论坛，1993 (2)：20-25.

卢进勇，杨杰，邵海燕. 外商直接投资、人力资本与中国环境污染——基于 249 个城市数据的分位数回归分析 [J]. 国际贸易问题，2014 (4)：118-125.

陆旸. 环境规制影响了污染密集型商品的贸易比较优势吗？ [J]. 经济研究，2009，44 (4)：28-40.

吕朝凤，余啸. 排污收费标准提高能影响 FDI 的区位选择吗？——基于 SO_2 排污费征收标准调整政策的准自然实验 [J]. 中国人口·资源与环境，2020，30（9）：62-74.

吕冠桥. 甘肃省区域经济增长趋同研究［D］. 兰州财经大学，2018.

罗浩，冯润，颜钰荛. 广东区域经济增长收敛性：兼论"双转移"战略的效果［J］. 广东财经大学学报，2015，30（4）：44-52.

罗知，齐博成. 环境规制的产业转移升级效应与银行协同发展效应——来自长江流域水污染治理的证据［J］. 经济研究，2021，56（2）：174-189.

骆泽顺，林壁属. 旅游发展促进区域经济协调发展的收敛机制研究［J］. 经济问题探索，2015（8）：148-153.

马子红，胡洪斌. 中国区际产业转移的主要模式探究［J］. 生产力研究，2009（13）：141-143.

慕绣如. 发展中国家环境规制对技术创新的影响［D］. 山东理工大学，2013.

聂国卿，郭晓东. 环境规制对中国制造业创新转型发展的影响［J］. 经济地理，2018，38（7）：110-116.

聂华林，潘琪. 协同型双向资源利用模式：西部林业可持续发展的关键点［J］. 甘肃社会科学，2006（6）：145-147.

潘文卿. 中国区域经济差异与收敛［J］. 中国社会科学，2010（1）：72-84+222-223.

潘悦. 国际产业转移的四次浪潮及其影响［J］. 现代国际关系，2006（4）：23-27.

庞玉萍，陈玉杰. 区域协调发展内涵及其测度研究进展［J］. 发展研究，2018（9）：73-79.

彭可茂，席利卿，雷玉桃. 中国工业的污染避难所区域效应——

基于 2002—2012 年工业总体与特定产业的测度与验证 [J].
中国工业经济，2013（10）：44-56.

彭志胜. 工业的空间分布及产业转移影响因素的实证分析 [J].
统计与决策，2014（6）：138-141.

皮建才，仰海锐. 京津冀协同发展中产业转移的区位选择——区
域内还是区域外？[J]. 经济管理，2017，39（7）：19-33.

仇冬芳，周月书. 我国环境规制与污染密集型产业发展的协整机
制——基于 VAR 模型和 VEC 模型的实证研究 [J]. 技术经
济，2013，32（6）：65-71.

钱雪松，唐英伦，方胜. 担保物权制度改革降低了企业债务融资
成本吗？——来自中国《物权法》自然实验的经验证据 [J].
金融研究，2019（7）：115-134.

秦晓丽，于文超. 外商直接投资、经济增长与环境污染——基于
中国 259 个地级市的空间面板数据的实证研究 [J]. 宏观经
济研究，2016（6）：127-134+151.

覃成林，崔聪慧. 粤港澳大湾区协调发展水平评估及其提升策略
[J]. 改革，2019（2）：56-63.

覃成林，姜文仙. 区域协调发展：内涵、动因与机制体系 [J].
开发研究，2011（1）：14-18.

覃成林，张华，毛超. 区域经济协调发展：概念辨析、判断标准
与评价方法 [J]. 经济体制改革，2011（4）：34-38.

覃成林，郑云峰，张华. 我国区域经济协调发展的趋势及特征分
析 [J]. 经济地理，2013，33（1）：9-14.

覃成林. 中国区域经济增长趋同与分异研究 [J]. 人文地理，
2004（3）：36-40.

冉启英，徐丽娜．环境规制、省际产业转移与污染溢出效应——基于空间杜宾模型和动态门限面板模型［J］．华东经济管理，2019，33（7）：5-13.

邵利敏．政府环境规制、地区产业结构状况与经济增长［D］．山西财经大学，2019.

佘时飞．产业扩散机理与山东省区域经济协调发展政策研究［J］．山东财经大学学报，2015，27（4）：65-70.

沈悦，任一鑫．环境规制、省际产业转移对污染迁移的空间溢出效应［J］．中国人口·资源与环境，2021，31（2）：52-60.

时乐乐．环境规制对中国产业结构升级的影响研究［D］．新疆大学，2017.

史修松，赵曙东．中国经济增长的地区差异及其收敛机制（1978~2009 年）［J］．数量经济技术经济研究，2011，28（1）：51-62.

司传煜．环境规制、政府扶持与工业企业发展［D］．中国社会科学院研究生院，2021.

宋爽，樊秀峰．双边环境规制对中国污染产业区际转移的影响［J］．经济经纬，2017，34（2）：99-104.

孙浩进．国际产业转移的历史演进及新趋势的启示［J］．人文杂志，2011（2）：85-88.

孙华平，黄祖辉．区域产业转移中的地方政府博弈［J］．贵州财经学院学报，2008（3）：6-10.

孙慧文．制造业转移推动了区域经济增长吗［J］．经济学家，2017（11）：28-36.

孙久文，姚鹏．京津冀产业空间转移、地区专业化与协同发展——

基于新经济地理学的分析框架 [J]. 南开学报（哲学社会科学版），2015（1）：81-89.

孙敏. 欠发达地区承接产业转移的风险研究——基于宏观政治经济环境的视角 [J]. 经济问题探索，2013（10）：45-49.

孙晓华，郭旭，王昀. 产业转移、要素集聚与地区经济发展 [J]. 管理世界，2018，34（5）：47-62+179-180.

唐常春，刘华丹，袁冬梅. 基于多尺度的湖南省区域经济差异演进分析 [J]. 人文地理，2016，31（5）：133-140.

铁燕. 中国环境管理体制改革研究 [D]. 武汉大学，2010.

汪波，方丽. 区域经济发展的协调度评价实证分析 [J]. 中国地质大学学报（社会科学版），2004（6）：52-55.

王柏杰，周斌. 货物出口贸易、对外直接投资加剧了母国的环境污染吗？——基于"污染天堂假说"的逆向考察 [J]. 产业经济研究，2018（3）：77-89.

王先庆. 跨世纪整合：粤港产业升级与产业转移 [J]. 商学论坛. 广东商学院学报，1997（2）：31-36.

王小斌，邵燕斐. 中国城镇化、能源消耗与二氧化碳排放研究——基于1995~2011省级面板数据 [J]. 工业技术经济，2014，33（4）：115-123.

王小宁，周晓唯. 西部地区环境规制与技术创新——基于环境规制工具视角的分析 [J]. 技术经济与管理研究，2014，（5）：114-118.

王欣亮. 比较优势、产业转移与区域经济协调发展研究 [D]. 西北大学，2015.

王询，张为杰. 环境规制、产业结构与中国工业污染的区域差异——

基于东、中、西部 Panel Data 的经验研究［J］. 财经问题研究，2011（11）：23-30.

王云，李延喜，马壮，等. 媒体关注、环境规制与企业环保投资［J］. 南开管理评论，2017，20（6）：83-94.

王忠平，王怀宇. 区际产业转移形成的动力研究［J］. 大连理工大学学报（社会科学版），2007，（1）：22-26.

魏后凯. 产业转移的发展趋势及其对竞争力的影响［J］. 福建论坛（经济社会版），2003（4）：11-15.

魏建萍. 外商在华直接投资的区位选择问题［J］. 黑龙江对外经贸，2007（1）：14-16+19.

文余源，于俊雅. 中国区域经济增长的 β 趋同分析［J］. 区域经济评论，2015（2）：18-25.

吴朝霞. 环境规制对中国区际污染产业转移的影响研究［D］. 湘潭大学，2016.

吴朝霞，张智颖. 环境规制对中国制造业全要素生产率的影响研究［J］. 湘潭大学学报（哲学社会科学版），2016，40（4）：77-81.

吴晓军，赵海东. 产业转移与欠发达地区经济发展［J］. 当代财经，2004（6）：96-99.

武祯妮，李燕玲，尹应凯. 区域污染产业转移治理的环境规制工具选择研究——基于新结构经济学视角［J］. 城市问题，2021（2）：84-94.

肖宏. 环境规制约束下污染密集型企业越界迁移及其治理［D］. 复旦大学，2008.

肖远飞，周萍萍. 数字经济、产业升级与高质量发展——基于中介效应和面板门槛效应实证研究 [J]. 重庆理工大学学报（社会科学），2021，35（3）：68-80.

熊旭颖 . FDI 对我国二氧化碳排放强度的影响 [D]. 复旦大学，2013.

熊鹰，徐翔 . 政府环境监管与企业污染治理的博弈分析及对策研究 [J]. 云南社会科学，2007，（4）：60-63.

徐康宁 . 区域协调发展的新内涵与新思路 [J]. 江海学刊，2014（2）：72-77+238.

徐现祥，舒元 . 协调发展：一个新的分析框架 [J]. 管理世界，2005（2）：27-35.

徐向红，杨占辉，黄波 . 山东省承接美国中小企业产业转移的考察研究 [J]. 东岳论丛，2004（3）：164-168.

许和连，邓玉萍 . 外商直接投资导致了中国的环境污染吗？：基于中国省际面板数据的空间计量研究 [J]. 管理世界，2012（2）：30-43.

许玲燕，杜建国，汪文丽 . 农村水环境治理行动的演化博弈分析 [J]. 中国人口・资源与环境，2017，27（5）：17-26.

杨保军 . 区域协调发展析论 [J]. 城市规划，2004（5）：20-24+42.

杨继瑞，康文峰 . 中国经济不平衡不充分发展的表现、原因及对策 [J]. 贵州师范大学学报（社会科学版），2018（3）：71-84.

杨军，贺芑瑶，丛建辉 . 环境规制、制造业 FDI 与门槛效应 [J]. 经济问题，2016（11）：24-28.

杨开忠 . 我国区域经济协调发展的总体部署 [J]. 管理世界，

1993（1）：171-178+225.

杨子晖，田磊."污染天堂"假说与影响因素的中国省际研究［J］.世界经济，2017，40（5）：148-172.

叶琪.我国区域产业转移的态势与承接的竞争格局［J］.经济地理，2014，34（3）：91-97.

于源，黄征学.区域协调发展内涵及特征辨析［J］.中国财政，2016（13）：56-57.

余东华，胡亚男.环境规制趋紧阻碍中国制造业创新能力提升吗？——基于"波特假说"的再检验［J］.产业经济研究，2016（2）：11-20.

袁华锡，刘耀彬，胡森林，封亦代.产业集聚加剧了环境污染吗？——基于外商直接投资视角［J］.长江流域资源与环境，2019，28（4）：794-804.

原毅军，陈喆.环境规制、绿色技术创新与中国制造业转型升级［J］.科学学研究，2019，37（10）：1902-1911.

曾珍香，段丹华，张培，王欣菲.基于主成分分析法的京津冀区域协调发展综合评价［J］.科技进步与对策，2008（9）：44-49.

张超，李丁，张洁，魏秀梅.基于主成分分析的西北地区城市竞争力评价与演变研究［J］.干旱区资源与环境，2015，29（6）：8-13.

张成，陆旸，郭路，于同申.环境规制强度和生产技术进步［J］.经济研究，2011，46（2）：113-124.

张国勇.环境规制对技术创新的影响研究——基于辽宁省的实证分析［J］.生态经济，2018，34（06）：68-72.

张晋霞．新疆承接产业转移的环境效应研究［D］．石河子大学，2014.

张辽．要素流动、产业转移与区域经济发展［D］．华中科技大学，2013.

张龙鹏，周立群．产业转移缩小了区域经济差距吗——来自中国西部地区的经验数据［J］．财经科学，2015（2）：80-88.

张平，张鹏鹏，蔡国庆．不同类型环境规制对企业技术创新影响比较研究［J］．中国人口·资源与环境，2016，26（4）：8-13.

张婷，欧向军，李恬，黎心泽，汪言．江苏省区域经济协调发展及其动力机制分析［J］．国土与自然资源研究，2018（2）：84-89.

张伟佳．环境规制、技术创新与制造业产业升级［D］．安徽财经大学，2018.

张伟丽，李建新．中国行政区经济协调发展的空间格局及演化分析［J］．经济地理，2013，33（6）：8-14.

张艳侠，陈刘尊．县域经济发展的差异及驱动因子分析——以皖江城市带 30 个县为例［J］．重庆交通大学学报（社会科学版），2019，19（1）：75-80.

张宇，蒋殿春．FDI、政府监管与中国水污染——基于产业结构与技术进步分解指标的实证检验［J］．经济学（季刊），2014，13（2）：491-514.

赵红，孙建修．山东泰安以生态文明建设引领城市可持续发展［J］．环境保护，2011，（21）：60-62. D

赵玉民，朱方明，贺立龙．环境规制的界定、分类与演进研究［J］．中国人口·资源与环境，2009，19（6）：85-90.

郑长德，刘帅．中国金融发展与居民预防性储蓄关系的实证研究
　　[J]．山东财政学院学报，2010（1）：3-8．

郑思齐，万广华，孙伟增，等．公众诉求与城市环境治理 [J]．
　　管理世界，2013，（6）：72-84．

钟茂初，李梦洁，杜威剑．环境规制能否倒逼产业结构调整——
　　基于中国省际面板数据的实证检验 [J]．中国人口·资源与
　　环境，2015，25（8）：107-115．

周长富，杜宇玮，彭安平．环境规制是否影响了我国 FDI 的区位
　　选择？——基于成本视角的实证研究 [J]．世界经济研究，
　　2016（1）：110-120+137．

周海波．交通基础设施、产业集聚与区域经济发展：关联性与效
　　率分析 [D]．东南大学，2017．

周浩，郑越．环境规制对产业转移的影响——来自新建制造业企
　　业选址的证据 [J]．南方经济，2015（4）：12-26．

周阳敏，桑乾坤．回归式产业转移、制度资本与区域经济增长实
　　证研究 [J]．工业技术经济，2019，38（1）：117-124．

周于靖，罗韵轩．金融生态环境、绿色声誉与信贷融资——基于
　　A 股重污染行业上市公司的实证研究 [J]．南方金融，2017
　　（8）：21-32．

朱东波，任力．环境规制、外商直接投资与中国工业绿色转型
　　[J]．国际贸易问题，2017（11）：70-81．

朱平芳，张征宇，姜国麟．FDI 与环境规制：基于地方分权视角的
　　实证研究 [J]．经济研究，2011，46（6）：133-145．

朱少康．区位理论简述 [J]．时代金融，2018（14）：57+59．

插图索引

表格索引

图书在版编目(CIP)数据

环境规制、产业转移与区域协调发展 / 王振东著 .
北京:社会科学文献出版社,2025.7.--ISBN 978-7
-5228-5524-0

Ⅰ.F127

中国国家版本馆 CIP 数据核字第 2025F3V990 号

环境规制、产业转移与区域协调发展

著　　者 / 王振东

出 版 人 / 冀祥德
组稿编辑 / 任文武
责任编辑 / 张丽丽
文稿编辑 / 周晓莹
责任印制 / 岳　阳

出　　版 / 社会科学文献出版社 · 生态文明分社 (010) 59367143
　　　　　　地址:北京市北三环中路甲 29 号院华龙大厦　邮编:100029
　　　　　　网址:www.ssap.com.cn
发　　行 / 社会科学文献出版社 (010) 59367028
印　　装 / 唐山玺诚印务有限公司

规　　格 / 开 本:787mm×1092mm　1/16
　　　　　　印 张:17.5　字 数:203 千字
版　　次 / 2025 年 7 月第 1 版　2025 年 7 月第 1 次印刷
书　　号 / ISBN 978-7-5228-5524-0
定　　价 / 88.00 元